OSHO
PODER, POLÍTICA E MUDANÇA

2ª edição
2ª reimpressão

OSHO

PODER POLÍTICA E MUDANÇA

Como ajudar o mundo a se tornar um lugar melhor?

Tradução
Magda Lopes

)|(Academia

Copyright © OSHO International Foundation, 2011
Copyright © Editora Planeta do Brasil, 2013, 2017
Todos os direitos reservados.

Título original: *Power, politics, and change*

O material deste livro foi selecionado de várias palestras de Osho proferidas ao vivo para uma plateia. Todas as suas palestras foram publicadas na íntegra na forma de livros, e também estão disponíveis em gravações de áudio originais. As gravações e o arquivo de textos completos podem ser contratados na biblioteca on-line OSHO no endereço www.osho.com.

OSHO é uma marca registrada da OSHO International Foundation, www.osho.com/trademarks.

Revisão: Abodha e Aracelli de Lima
Diagramação: Max Oliveira
Capa: Compañía

CIP-BRASIL. CATALOGAÇÃO NA PUBLICAÇÃO
SINDICATO NACIONAL DOS EDITORES DE LIVROS, RJ

O91p

Osho
  Poder, política e mudança: como ajudar o mundo a se tornar um lugar melhor? / Osho ; tradução Magda Lopes. - [2. ed.] - São Paulo : Planeta, 2016.

  Tradução de: Power, politics and change
  ISBN 978-85-422-0678-4

  1. Poder (Ciências sociais). 2. Corrupção na política. 3. Espiritualidade.
I. Título.

16-35776   CDD: 303.3
                       CDU: 316.4

2017
Todos os direitos desta edição reservados à
EDITORA PLANETA DO BRASIL LTDA.
Rua Padre João Manuel, 100 – 21º andar
Ed. Horsa II – Cerqueira César
01411-000 – São Paulo – SP – Brasil
www.planetadelivros.com.br
atendimento@editoraplaneta.com.br

Sumário

Prefácio 7

1. As variedades de poder 15
2. Agora ou nunca 71
3. O poder da política e da religião 123
4. O desafio da mudança 177
5. O que eu posso fazer? 217

Sobre o autor 267
Resort de Meditação da Osho Internacional 269
Para mais informações 271

Prefácio

Osho, eu me sinto tão desesperado para salvar este incrível e belo planeta, e ao mesmo tempo aterrorizado porque as forças contra nós parecem tão fortes e me sinto tão insignificante e desamparado para fazer alguma coisa! Há alguma coisa que possa ser feita?

Posso entender seu desespero, sua impotência. Talvez seja assim que se sinta todo ser humano que está consciente da presente crise. Mas você não está consciente de um grande poder: a destruição é uma baixa categoria de poder; a criação é uma alta categoria de poder. A destruição se origina do ódio; a criação se origina do amor.

Você tem visto até onde o ódio pode conduzir a humanidade, ao seu suicídio final, mas não tem visto a possibilidade de que o amor, crescendo a um nível elevado, possa simplesmente evitar que essa crise aconteça. Ninguém é insignificante, pois todos têm um coração, todos têm amor e todos têm sensibilidade, consciência, e podem atingir o pico máximo da sua existência. Um único indivíduo pode evitar essa grande crise; então, o que dizer de milhões de pessoas cheias de amor, de alegria e de serenidade?

Recordo-me de uma história do Antigo Testamento sobre duas cidades, Sodoma e Gomorra. As pessoas das duas cidades tornaram-se absolutamente pervertidas – todos os tipos de perversão prevaleciam. A história é muito bonita: vai lhe dar coragem, vai pôr fim ao seu desespero. Vai lhe fazer se erguer como indivíduo, representando a vida e o amor que não podem ser destruídos por nenhuma arma nuclear, por nenhum político. Nem Deus conseguiu destruir Sodoma e Gomorra.

Preciso lhe recordar neste momento que, na versão do Antigo Testamento, ele destruiu as cidades. Era impossível mudar essas pessoas, de tanto que elas haviam se acostumado aos seus costumes pervertidos. Mas há outra versão da história em que ocorre uma virada muito especial, e o meu propósito é enfatizá-la. Na religião judaica há um pequeno grupo de rebeldes, revolucionários, chamados hassídicos. Eles não são aceitos pelos ortodoxos como autênticos, porque vão contra qualquer coisa da ortodoxia, contra uma tradição que não apela para o coração humano, para a razão, para a sensibilidade, para a consciência. Eles escreveram sua própria história.

A história deles diz que houve um homem – um hassídico, um místico – que costumava viver seis meses em Gomorra e seis meses em Sodoma. Ele se aproximou de Deus e lhe perguntou: "O Senhor pensou na possibilidade de haver cem pessoas absolutamente verdadeiras e sábias nestas duas grandes cidades? O Senhor vai destruí-las também, porque as outras são pervertidas? Se o fizer será uma grande injustiça, pura injustiça, e isso será uma desgraça para o Senhor. Portanto, reconsidere sua posição!"

Deus não havia pensado na possibilidade de que certamente nessas duas grandes cidades, quase como Hiroshima e Nagasaki, poderia haver cem pessoas inteligentes, verdadeiras e alertas. Elas também seriam destruídas, e isso não estaria em sintonia com a divindade de Deus, seria simplesmente algo feio. Então, Deus disse: "Se você conseguir me provar que há nelas cem pessoas boas, não destruirei essas duas cidades".

O hassídico perguntou: "E se houver apenas 50, o Senhor vai destruir as cidades?"

Deus foi pego desprevenido pelo místico hassídico. Ele disse: "Se você puder me provar que 50..."

E o místico perguntou: "E se houver apenas 25? Isso importa? Para o Senhor, o que importa: a quantidade ou a qualidade? O Senhor está preocupado com a quantidade ou com a qualidade?"

Deus respondeu: "Certamente com a qualidade".

E o hassídico disse: "Então, se é a qualidade que importa, para lhe dizer a verdade, sou o único homem que não é pervertido, que está vivendo uma vida natural e bem-aventurada. Mas eu vivo seis meses em Gomorra e seis meses em Sodoma. O Senhor vai destruir essas cidades?"

Deus nunca havia se defrontado com uma pessoa tão inteligente. De cem, este homem reduziu o número a um. Só mesmo um judeu pode fazer isso! Os judeus sabem como barganhar, e ele barganhou. Na versão ortodoxa da história, Deus destruiu essas cidades, mas não na versão dos místicos. Nela, as cidades foram salvas, porque Deus não poderia destruir nem mesmo uma única pessoa de qualidade, uma única pessoa com sabedoria, pelo simples fato de toda a cidade ter se tornado pervertida.

Você precisa apenas estar alerta. Não há necessidade de se desesperar nem de se sentir aterrorizado. Se um homem conseguiu persuadir a existência a proteger duas cidades, temos milhares de hassídicos entre nós. Todo *sannyasin*[1] é um hassídico. A existência não pode permitir que alguns políticos idiotas destruam este mundo.

Mas isso não significa que você tenha de permanecer simplesmente em silêncio. Você tem de criar uma grande atmosfera de amor em torno de você, que será uma proteção. Você terá de aprender a dançar e a cantar. Deixe que esses políticos saibam que esta terra ainda está cheia de pessoas bonitas – tantas canções, tanta música, tanta criatividade e tantas pessoas meditando... Eles serão obrigados a pensar duas vezes.

De nossa parte, não necessitamos de armas nucleares maiores para deter a guerra – esse é o problema. Precisamos de algo totalmente diferente. O amor vai prover a energia, a meditação vai lhe proporcionar uma imensa força. E você não se sentirá tão insignificante; você se sentirá dignificado e significante, porque o seu amor, a sua meditação, a sua bem-aventurança vão salvar o mundo.

E não se preocupe sentindo-se impotente para fazer alguma coisa. A ideia da impotência surgiu porque nunca lhe disseram quais são os seus recursos. Você nunca examinou seus próprios recursos – seu amor, seu silêncio, sua paz, sua compaixão, sua alegria. Você nunca examinou todo esse potencial inesgotável do seu ser. E se milhares de pessoas florescerem no amor, na música e na dança, e todo o mundo se tornar uma celebração, então nenhum político louco vai destruir este mundo. Ele vai se sentir impotente; vai se sentir culpado por destruir pessoas tão belas e um planeta tão belo.

---

[1] Os monges hindus são tradicionalmente chamados de sannyasin (saniássin).

Prefácio

Você me pergunta: "Há algo que possa ser feito?"
O seu amor, o seu silêncio, a sua alegria são suficientes. Não é necessário mais que isso; mais vai lhe deixar desnecessariamente preocupado. E a preocupação é como uma cadeira de balanço – ela o mantém em movimento, mas você não vai a lugar nenhum! Não há necessidade de se preocupar e não há necessidade de se sentir desesperado, impotente.

Alguns idiotas prepararam a morte para o planeta; mas há milhões de pessoas inteligentes que podem impedir isso apenas com o seu amor, a sua alegria, a sua beleza, o seu êxtase. Essas são experiências muito mais poderosas – porque a energia atômica, ou a energia nuclear, faz parte do mundo material. É a explosão do átomo, a menor e ínfima partícula da matéria.

Não entendemos ainda que a natureza tem um equilíbrio absoluto. Se um pequeno átomo explodindo pode destruir tanto... Você já pensou sobre um átomo vivo do seu ser e sobre sua explosão? Em outras palavras, temos chamado isso de iluminação. A iluminação não é nada mais do que uma explosão do seu ser em luz. E, de repente, você tem um poder muito mais elevado e superior. Ele não precisa lutar com o inferior; sua própria presença tornará o inferior impotente.

Isso não tem sido tentado em uma escala ampla, apenas de vez em quando. Mas esses raros momentos são certamente uma prova de que, se isso for tentado, cada ser humano pode se tornar uma explosão de consciência – que é uma energia muito superior – e tornar todas essas armas nucleares e as pessoas que as possuem totalmente impotentes e culpadas.

Alguns exemplos vão ajudá-lo. Eles parecem não factuais, porque são raros, porque poucas pessoas os experimentaram.

Um seguidor de Buda, Devadutta — seu próprio primo —, tinha inveja da imensa glória e impressão e do impacto que Buda causava nas pessoas. Quem quer que se aproximasse dele jamais voltava a ser o mesmo. Algo mudava em seu próprio ser. Buda havia plantado uma semente; o novo homem surgiria no tempo certo, quando as primeiras nuvens se transformassem em chuva. Mas isso era invisível ao cego Devadutta — não fisicamente cego, mas espiritualmente cego. Ele não conseguia entender o que aquilo significava. Ele era tão belo quanto Buda — seu próprio primo — e tão educado e instruído nas artes daquela época. Mas não havia dúvida de que Buda era superior a ele, pois ele não conseguia enxergar o aroma superior que envolvia Buda.

Finalmente, ele lhe pediu: "Eu gostaria de ser declarado seu sucessor".

E Buda disse: "Quem for capaz de me suceder, irá me suceder. Eu não precisarei declará-lo. Além disso, ainda estou vivo, na metade da minha vida. E não cabe a mim escolher! Quem sou eu para escolher um sucessor? A própria existência vai escolher".

Devadutta ficou tão magoado que deixou a comuna e fez muitos atentados à vida do Buda Gautama. Essas tentativas parecem ficcionais, porque não conhecemos o poder do amor e não conhecemos o poder da beleza do êxtase e seu imenso poder de proteção.

Buda costumava meditar sobre uma pequena pedra na base de uma grande montanha. Devadutta tentou fazer rolar uma grande rocha da montanha na direção de Buda para que a rocha o matasse e ninguém pudesse ser responsabilizado por isso, ninguém pudesse pensar que alguém o havia matado. A rocha se precipitou montanha abaixo e todos que estavam presentes ficaram surpresos, não conseguindo acreditar que aquilo pudesse acontecer: a apenas poucos centímetros de Buda a rocha parou, mudou sua trajetória e se afastou dele. Depois continuou caindo. Aquilo era um comportamento muito estranho em se tratando de uma rocha; ninguém poderia imaginar que uma rocha pudesse fazer aquilo. Até mesmo Devadutta ficou confuso.

O próprio Devadutta era rei de um pequeno reino e tinha um elefante louco, muito perigoso. O elefante era sempre mantido acorrentado em uma cela porque costumava matar as pessoas. Devadutta viu outra possibilidade. O elefante foi levado até as proximidades de Buda e libertado. O animal se precipitou na direção do Buda Gautama, da maneira como sempre se precipitava na direção de qualquer pessoa. Mas quando chegou bem próximo dele de repente parou e, com lágrimas nos olhos, inclinou-se diante de Buda e tocou os pés dele com sua cabeça.

Ninguém podia acreditar que um elefante louco... Como ele poderia estar fazendo tal distinção. Mas as pessoas cegas são pessoas cegas! Devadutta não conseguia enxergar o que a rocha conseguia, o que o elefante louco conseguia – uma aura sutil e invisível de amor.

Se milhões de pessoas estiverem repletas de amor e de meditação, não haverá necessidade de se sentirem desesperadas ou impotentes. A natureza lhes deu um enorme poder que pode anular quaisquer armas nucleares.

E é isso que estou tentando fazer: prepará-lo para o amor, incondicionalmente; prepará-lo para a cordialidade até mesmo com estranhos; prepará-lo para abandonar suas religiões organizadas, porque elas criam conflitos; para deixar até mesmo de pertencer às suas nações. Formalmente, você terá de levar seu passaporte, mas isso é apenas uma formalidade. No fundo do seu ser, você não deve ser um hindu nem deve ser um indiano, não deve ser um alemão nem deve ser um cristão.

Se essa onda se expandir – e eu tenho a maior esperança de que vai se expandir – então você poderá se esquecer de tudo sobre a Terceira Guerra Mundial; a segunda foi a última. A terceira só será possível se não houver amor e energia de meditação suficientes para impedi-la.

1
As variedades de poder

O poder em si é neutro. Nas mãos de uma boa pessoa, ele será uma bênção. Nas mãos de uma pessoa inconsciente, será uma maldição. Durante milhares de anos condenamos o poder, mas sem compreender que não é o poder que deve ser condenado, mas as pessoas que devem ser limpas de todos os maus instintos que estão ocultos dentro delas.

Existe um poder pessoal que é diferente do poder sobre os outros?

O poder pessoal e o poder sobre os outros são duas coisas completamente diferentes. E não só diferentes, mas diametralmente opostas. A pessoa que conhece a si mesma, que compreende o seu próprio ser, que compreende o significado da sua vida, de repente tem uma explosão de poder. Todavia, isso é mais parecido com amor, com compaixão. É mais como a luz do luar do que como a luz do sol – tranquila, calma, bela. Um homem assim não tem nenhum complexo de inferioridade. Ele é tão pleno, tão satisfeito, tão absolutamente bem-aventurado que não há razão para ele sentir nenhuma ambição de ter poder sobre os outros.

Eu chamo isso de o poder do místico.

O poder sobre os outros é político, e as pessoas que estão interessadas no poder sobre os outros são pessoas que sentem um profundo complexo de inferioridade. Estão continuamente se comparando com os outros e se sentindo inferiores. Elas querem provar ao mundo e a si mesmas que não é isso — são seres superiores. Todos os políticos sofrem de complexo de inferioridade. Todos os políticos precisam ser tratados psicologicamente. São pessoas doentes, e por causa dessas pessoas doentes o mundo todo tem experimentado um imenso sofrimento. Cinco mil guerras em três mil anos!

E não há fim para aquele que busca ter poder sobre os outros, porque há sempre pessoas que estão fora de sua esfera de influência. Isso faz com que ele ainda sinta a sua inferioridade. Do contrário, qual a necessidade de alguém se tornar Alexandre, o Grande? Apenas pura estupidez. O homem morreu com apenas 33 anos. Não conseguiu "viver" por um único momento, não conseguiu amar por um único momento. Durante o início da sua vida de 33 anos, ele viveu se preparando para ser um conquistador do mundo, e durante o restante dela viveu lutando, matando, queimando. A única ideia presente na sua mente era se tornar o conquistador do mundo.

Quando estava se dirigindo à Índia, passando pela Grécia no trajeto, encontrou um dos homens mais raros da história: Diógenes. Diógenes costumava viver nu — ele era tão belo que era perfeitamente adequado para ele viver

As variedades de poder

nu. As roupas servem para muitos propósitos relacionados ao clima, à cultura, mas seu propósito básico não é esse. Todos os animais conseguem viver sem roupas em todos os climas do mundo. O que há de errado com o homem? Será que ele é o animal mais vulnerável e fraco de todo o mundo? Não. As roupas foram inventadas porque nem todas as pessoas tinham belos corpos. Conhecemos as pessoas por seus rostos. Na verdade, até você mesmo, se vir uma foto do seu próprio corpo nu sem a cabeça, não será capaz de reconhecer que esse é o seu corpo.

Diógenes era um homem extremamente belo; ele não necessitava de roupas. Vivia à margem de um rio. Era de manhã bem cedo e ele estava tomando um banho de sol. Tinha apenas uma companhia, um cão, e sua única posse era uma velha lanterna.

Alexandre, passando pela Grécia, ouviu dizer que Diógenes estava muito perto. Ele disse: "Tenho ouvido tanta coisa sobre esse homem. Ele parece ser um pouco estranho, mas eu gostaria de vê-lo". Então, Alexandre foi ver Diógenes – e Diógenes estava descansando. Seu cão estava sentado ao seu lado. Alexandre disse-lhe: "Diógenes, Alexandre, o Grande, veio vê-lo. E isso é uma grande honra, algo excepcional; eu jamais fui ver ninguém".

Diógenes nem sequer se sentou. Continuou deitado na areia, riu, olhou para o seu cão e disse ao animal: "Você ouviu isso? Um homem que chama a si mesmo de 'grande' – o que você acha disso? Ele deve estar sofrendo de uma grande inferioridade. Isso é uma projeção para esconder alguma ferida". Era uma verdade. Nem Alexandre poderia negá-la.

Então Alexandre disse: "Eu não tenho muito tempo; do contrário, me sentaria aqui para que me dissesse algumas palavras sábias".

Diógenes disse: "Qual é a pressa? Para onde você está indo – conquistar o mundo? Mas você já pensou, se por acaso for bem-sucedido em conquistar o mundo, no que vai fazer depois? Porque não há outro mundo, há apenas um mundo. Neste momento, lutando, invadindo, você pode continuar esquecendo sua inferioridade. Mas quando for bem-sucedido, sua inferioridade estará de volta, virá novamente à tona."

Alexandre disse: "Se ela voltar, eu virei aqui, permanecerei aqui alguns dias e tentarei entender. O que você está dizendo me magoa, mas é verdade. De fato, a simples ideia de que não há outro mundo me deixa triste. Sim, se eu conquistar o mundo todo, então o que vou fazer? Então serei apenas inútil, e tudo o que está oculto dentro de mim virá à tona".

Mas Diógenes disse: "Você nunca retornará, porque esse tipo de ambição é infinita. Ninguém volta". E, estranhamente, Alexandre nunca voltou. Ele morreu quando estava voltando, antes de chegar à Grécia. E uma bela história foi contada desde então, porque naquele mesmo dia Diógenes também morreu. É apenas uma história, mas é muito significativa.

Segundo a mitologia grega, há um rio que você tem de cruzar antes de entrar no Paraíso. Diógenes estava apenas poucos metros à frente, Alexandre bem atrás dele. Ali estava Diógenes, o mesmo belo homem, nu... e agora Alexandre também estava nu, mas não era tão belo.

As variedades de poder

Apenas para encobrir sua vergonha, Alexandre disse: "Que estranha coincidência, o encontro de um conquistador do mundo e um mendigo!"

Diógenes riu e disse: "Você está certo. Somente em um ponto está errado – você não sabe quem é o conquistador e quem é o mendigo. Olhe para mim e olhe para você. Eu nunca conquistei ninguém, mas sou um conquistador – um conquistador de mim mesmo. Você tentou conquistar o mundo inteiro, e o que conseguiu? Apenas desperdiçar toda a sua vida. Você é apenas um mendigo!"

O poder pessoal pertence ao místico – àquele cuja flor da consciência desabrochou e liberou amplamente sua fragrância, seu amor, sua compaixão. Este é um poder muito sutil. Nada pode impedi-lo; ele simplesmente atinge o seu coração. Simplesmente faz você entrar em sintonia com o místico – entrar em uma espécie de sincronia, de harmonia. Você não se torna um escravo; torna-se um amante. Uma grande cordialidade, um grande reconhecimento surge em você. A simples presença do místico cria uma imensa aura. Nessa aura, quem está aberto, disponível, receptivo, imediatamente começa a se sentir como se estivesse irrompendo numa canção ou numa dança.

O poder político é feio. O poder sobre os outros é feio. É inumano, porque ter poder sobre alguém significa reduzir essa pessoa a uma coisa. Ela se torna sua posse.

Por exemplo, na China, durante séculos, o marido tinha poder sobre a esposa até mesmo para matá-la. A lei o permitia, porque a esposa não era nada além de algo que você possuía – é como se você possuísse uma cadeira, e se quisesse destruí-la não seria um crime, pois a cadeira é sua. E se quisesse matar sua esposa, do mesmo modo não seria um crime, pois a esposa é sua... Durante séculos nenhum homem na China foi punido por ter matado a esposa — até o século passado.

O poder sobre alguém reduz a individualidade da outra pessoa, reduz sua espiritualidade até torná-la apenas um produto de consumo, uma coisa. Durante séculos, homens e mulheres foram vendidos nos mercados como outra mercadoria qualquer. Uma vez que você adquire um escravo, tem todo o poder sobre ele. Isso pode satisfazer alguma psicologia insana e doente, mas não é saudável. Nenhum político é saudável, espiritualmente saudável.

Quando Nixon foi surpreendido gravando os telefonemas de outras pessoas, e finalmente renunciou à presidência, o comentário de Mao Tsé Tung foi notável. Ele disse: "Todo político faz isso. Não há nada de especial nisso; porque estão fazendo todo esse alarido? O pobre Nixon foi apenas surpreendido fazendo isso".

E, depois da renúncia de Nixon à presidência, Mao enviou um avião especial, seu próprio avião, para levar Nixon à China — para consolá-lo, para dizer que aquilo foi apenas estupidez. "O que você fez está sendo feito no mundo todo. Todos os políticos fazem isso. O que foi errado foi você ter sido pego. Você foi um amador."

O que os políticos estão fazendo no mundo todo, durante toda a história, é simplesmente inumano, feio. Mas a razão, a razão básica disso, é o fato de eles terem um profundo sentimento de inferioridade e quererem provar a si mesmos que não é assim. "Olhe, você tem tanto poder, tem tantas pessoas em suas mãos que você pode criar ou

As variedades de poder

destruir, tantas armas nucleares em suas mãos. É só apertar um botão e você pode destruir o planeta inteiro."

O poder sobre os outros é destrutivo – sempre destrutivo. Em um mundo melhor, qualquer um que seja ambicioso, que queira ser mais importante que os outros, que queira estar à frente dos outros, deve ser submetido a um tratamento psicológico.

Apenas a humildade, a simplicidade, a naturalidade, a não comparação com ninguém...Cada um é único, a comparação é impossível! Como você pode comparar uma rosa com uma calêndula? Como pode dizer qual é superior e qual é inferior? Ambas têm sua beleza, e ambas desabrocharam, dançaram ao sol, ao vento, à chuva, vivem integralmente a sua vida.

Todo ser humano é único. Ninguém é superior ou inferior. Sim, as pessoas são diferentes. Deixe-me lembrar-lhe de uma coisa; do contrário você vai me interpretar mal. Não estou dizendo que todos sejam iguais, como dizem os comunistas. Sou contra o comunismo pela simples razão de que toda a filosofia vai contra a psicologia, contra toda a pesquisa psicológica.

Ninguém é superior, ninguém é inferior, mas também ninguém é igual. As pessoas são simplesmente únicas, incomparáveis. Você é você, eu sou eu. Eu tenho de contribuir com o meu potencial para a vida. Eu tenho de descobrir meu próprio ser; você tem de descobrir seu próprio ser.

É perfeitamente bom ser poderoso como um místico. É feio, repugnante, nojento ter ao menos um leve desejo de ter poder sobre os outros.

Poder, política e mudança

Estou confuso sobre o que é a força e o poder do amor. Tenho ouvido você falar que amor e ódio são uma coisa só; mas eu vejo mais ódio do que amor no mundo. Ao mesmo tempo, você diz que a iluminação não é amor nem ódio. Você está falando de duas qualidades diferentes de amor? Se é isso, quais são elas?

O amor e o ódio são apenas dois lados da mesma moeda. Mas com o amor algo drástico aconteceu, e é inimaginável como esse passo drástico foi dado pelas pessoas que tinham as melhores intenções no mundo. Você pode nunca ter suspeitado do que destruiu o amor. Foi o contínuo ensino do amor que o destruiu. O ódio ainda é puro; o amor não é. Quando você odeia, seu ódio tem uma autenticidade. E quando você ama, é apenas hipocrisia.

Isso tem de ser entendido. Por milhares de anos todas as religiões, os políticos, os pedagogos, têm ensinado uma coisa, e essa coisa é o amor: ame o seu inimigo, ame o seu vizinho, ame os seus pais, ame a Deus. Para início de conversa, por que eles começaram essa estranha série de ensinamentos sobre o amor? Porque tinham medo do seu amor autêntico, porque o amor autêntico está além do controle deles. Você é possuído por ele. Você não é o possuidor, você é o possuído, e toda sociedade quer que você esteja sob controle. A sociedade tem medo da sua natureza selvagem, tem medo da sua naturalidade, e por isso desde o início começa a cortar suas asas. E a coisa mais perigosa que existe dentro de você é a possibilidade do amor, porque, se você for possuído pelo amor, pode se colocar contra o mundo todo.

As variedades de poder

Um pequeno homem possuído pelo amor sente-se capaz de fazer o impossível. Em todas as antigas histórias de amor, esse fato tem emergido de uma maneira muito sutil; e ninguém jamais se importou com isso ou comentou sobre o porquê de esse fator surgir automaticamente nas antigas histórias de amor. Por exemplo, no Oriente temos a famosa história de amor de Majnu e Laila. Essa é uma história sufi. Não importa se é histórica ou não, essa não é a nossa preocupação. O que interessa é a sua estrutura, que é praticamente a mesma estrutura de todas as histórias de amor no mundo todo. A segunda história de amor oriental é a de Siri e Farhad – mas a estrutura é a mesma. A terceira história famosa é a de Soni e Manhival, e a estrutura permanece a mesma. A estrutura é que o amante é solicitado a fazer algo impossível; se ele conseguir fazer essa coisa impossível, então pode conseguir a sua amada. É claro que os pais e a sociedade não estão prontos para aceitar esse caso de amor. Nenhuma sociedade está pronta para aceitar nenhum caso de amor, mas dizer "não" parece descortês. Quando surge alguém com uma proposta de amor, você não pode simplesmente dizer não, mesmo que queira. Para você dizer não, uma maneira tem de ser encontrada – e esta é a maneira. Peça ao amante para realizar algo impossível, algo que você sabe que ele não pode fazer, uma tarefa humanamente impossível. Se ele não conseguir realizá-la, você não é responsável; foi ele próprio que fracassou.

Essa é uma maneira civilizada de dizer não. É dito a Farhad que ele só poderá ter Siri se, sozinho, conseguir construir um canal através das montanhas até o palácio do rei – Siri é

23

a filha do rei. E o canal tem de ser de leite, não de água. Ora, isso é absurdo. Em primeiro lugar, mesmo que se tratasse de um canal de água, um jovem, sozinho... construí-lo desde as montanhas que ficam a milhares de quilômetros de distância!? Levaria milhares de anos para ele levar esse canal até o palácio. E ainda que se aceitasse, hipoteticamente, que isso pudesse ser possível, como ele conseguiria construir um canal de leite? De onde viria aquele leite que fluiria continuamente através do canal? O rei quer que os jardins do seu palácio sejam regados com leite; só então Farhad estará qualificado para pedir a mão da filha do rei.

Tenho observado centenas de histórias de amor pelo mundo afora, mas de uma maneira ou de outra esse fator aparece constantemente: algo impossível é solicitado. Eu entendo que esse fator não aparece sem razão. Em algum lugar dentro do inconsciente da mente humana há o conhecimento de que o amor pode tornar o impossível possível. O amor é tão louco! Uma vez que você esteja possuído pelo amor, não pensa em termos de razão, de lógica, de realidade. Você vive em um mundo de sonhos em que tudo está ao alcance das suas mãos. Minha única preocupação em relação a essas histórias de amor tem sido descobrir algo sobre o amor que seja essencial. E o que descobri foi o seguinte: o amor o deixa tão louco que nada é impossível.

Quando é solicitado a Farhad que ele construa esse canal vindo de montanhas a milhares de quilômetros de distância, ele começa a construí-lo. Ele nem sequer diz: "O senhor está louco!? O que está me pedindo!? Está querendo que eu faça o impossível! Por que simplesmente não diz não? Por que faz

As variedades de poder

rodeios?" Não, ele não diz uma única palavra; simplesmente pega uma pá e vai para as montanhas.

As pessoas da corte perguntam ao rei: "O que o senhor fez? O senhor sabe perfeitamente que isto é impossível! O senhor não pode fazer isso, nós não podemos fazer isso – ninguém pode. O senhor com todo o seu exército, com todas as suas forças, não pode trazer esse canal até o palácio. E trazer leite de onde? Leite não vem dos riachos nas montanhas. O senhor pode conquistar o mundo todo – conhecemos o seu poder e conhecemos os seus exércitos – mas isso é outra coisa. O senhor não pode mudar a forma da natureza. Em primeiro lugar, esse pobre rapaz sozinho... O senhor lhe disse que ele não pode pedir ajuda a ninguém! Ele vai ter que cavar sozinho o canal, das montanhas até o seu palácio. Isso vai lhe custar milhões de anos, e mesmo que ele consiga fazê-lo, de onde virá o leite que correrá pelo canal?"

O rei diz: "Eu sei de tudo isso – isso não vai acontecer. Por isso eu lhe pedi; foi como lancei toda a responsabilidade sobre ele. Agora, se ele não conseguir construí-lo, a responsabilidade será dele. E eu fui poupado de dizer não".

Mas as pessoas da corte ficam cada vez mais estarrecidas com relação ao jovem Farhad. Vão procurá-lo, conseguem alcançá-lo e lhe perguntam: "Você está louco, rapaz? Como vai fazer isso? Isso não é possível!"

Farhad diz: "Tudo é possível. Meu amor tem de ser autêntico, tem de ser verdadeiro".

A existência não pode negar o amor. A existência pode mudar sua natureza, suas leis, mas não pode negar o amor porque o amor é a lei mais elevada da natureza.

Em prol da lei mais elevada, as leis inferiores podem ser apagadas, modificadas.

Aqueles sábios conselheiros do rei ficam chocados com a resposta de Farhad, mas a resposta parece ser importante. O que o jovem rapaz está dizendo faz sentido. A história diz que Farhad foi bem-sucedido. Ele conseguiu sozinho construir o canal, e por causa da sua autenticidade, da sua honestidade, da sua confiança na existência, a água se transformou em leite.

Essa é apenas uma história; eu não acho que a existência ou a natureza vá mudar suas leis. Mas uma coisa é certa: a sociedade muito cedo tomou ciência de que o amor é louco. E quando um homem é possuído pelo amor, ele fica além do seu controle, e então você não consegue convencê-lo de nada. Então, nenhuma razão é aplicável, nenhuma lógica faz qualquer sentido para ele; seu amor é a lei fundamental. Todo o resto tem de se submeter a ele.

Não estou dizendo que ele se submete, não estou dizendo que a natureza vai mudar suas formas, não estou dizendo que o amor possibilitará milagres. Não. O que estou dizendo é sobre esse medo de que o amor possa tornar um homem tão louco que ele comece a acreditar em coisas desse tipo; e então ele fica além do seu controle. Para manter uma pessoa sob controle, você tem de criar, desde a mais tenra idade, uma falsa ideia do amor, e insistir nela continuamente, para que a pessoa nunca se torne possuída pelo amor autêntico e nunca enlouqueça; sempre permaneça sã. "São" significa ser um escravo das regras da sociedade; "são" significa ser um seguidor dos jogos da sociedade.

As variedades de poder

O amor pode torná-lo rebelde.
O falso amor o torna obediente.
Por isso lhe ensinam a amar a Deus. Agora, dizer a uma criança pequena para amar a Deus é um completo absurdo. A criança não sabe quem é Deus e, sem conhecer o objeto, como você espera que alguém ame a Deus? Mas você reza a Deus com as mãos postas dirigidas ao céu, e a criança começa a imitá-lo. Deus está lá em cima, no Paraíso – embora agora todos saibam que a Terra é redonda. O que é "em cima" para nós nos Estados Unidos não é "em cima" na Índia; está abaixo deles, nós estamos abaixo deles. O céu que está sobre nós não está sobre eles. Mas pessoas em toda a Terra estão olhando para o céu e para o Deus que vive lá em cima, no Paraíso. Agora, conhecendo o fato de que a Terra é redonda – o Paraíso está em toda parte acima de nós. E diferentes cantos do Paraíso estão acima de diferentes pessoas; e isso também não é fixo, porque a Terra está continuamente se movendo sobre o seu eixo, de modo que o que estava acima de você alguns minutos atrás já não está mais acima de você. O que estava acima algumas horas atrás já não está mais acima de você; pode estar abaixo. Seu Deus terá de realizar um verdadeiro ato circense para satisfazer o seu desejo de que ele permaneça acima de você. Você lhe deu uma tarefa que, mesmo que lhe tenha conferido onipotência, ele não conseguirá realizar. Porque ela simplesmente não é possível.

Mas a criança pequena simplesmente começa a imitar; o que quer que os pais façam, a criança vai começar a fazer. Eles vão para a igreja, a criança vai para a igreja. Eles vão para a sinagoga, ela vai para a sinagoga. Isso é o aprendizado contra a natureza. E uma pessoa que pode amar a Deus é uma pessoa que nunca saberá o que é o amor.

Pense: uma pessoa que pode amar a Deus sem nem sequer saber quem é esse sujeito, onde ele está, se ele existe ou não, e, se existe, se é digno de ser amado, se ele está interessado em você e no seu amor... Uma pessoa, sem saber qualquer uma dessas coisas, ama a Deus, ama Jesus Cristo, sem saber se esse homem foi um personagem histórico ou não. Se as histórias que os cristãos contam sobre Cristo são verdadeiras, então Cristo não pode ser histórico.

Isso é um paradoxo. Se suas histórias sobre Jesus são verdadeiras, então Jesus não pode ser real. Jesus só pode ser real em uma condição: se as histórias contadas pelos cristãos sobre ele forem provadas inverdades. Mas esse é um problema difícil, porque se todas as histórias contadas sobre Cristo pelos cristãos se provarem não verdadeiras, os cristãos não estarão mais interessados nesse Cristo. Eles só estavam interessados nele por causa dessas histórias que você provou não serem verdadeiras. Jesus não significaria nada para eles não fossem essas histórias: o nascimento a partir de uma virgem, seu caminhar sobre a água, a transformação de água em vinho, a transformação de pedras em pão; sua cura de pessoas cegas, aleijadas, paralisadas; sua ressurreição da morte para a vida. Todas essas histórias são a base para um cristão ter fé.

Estou dizendo que, se todas essas histórias forem verdade, então Jesus é uma figura mitológica. Ele não pode ser um fato histórico porque os seres humanos reais não caminham sobre a água. Não há como transformar água em vinho, não há como transformar pedras em pão. Na própria

As variedades de poder

vida de Jesus, você vai encontrar evidências suficientes de que essas coisas não podem ser verdade, pois há dias em que seus discípulos estavam famintos e tiveram de dormir com o estômago vazio porque as aldeias pelas quais passaram eram contrárias a ele. Elas não lhes deram abrigo, elas não lhes deram pão. Mas se esse homem conseguia transformar pedras em pães, qual era o problema?

Na verdade, ele poderia ter mudado toda a situação da humanidade, e não haveria necessidade de os judeus o crucificarem, se ele houvesse provido toda a humanidade de alimento. E há pedras suficientes no mundo – montanhas delas! Ele teria transformado os Himalaias em um grande filão de pão, para que os indianos pudessem continuar se alimentando por séculos e séculos. Ele poderia ter transformado os oceanos em vinho para que não houvesse necessidade de se preocupar com isso; até mesmo os pobres poderiam desfrutar do melhor vinho, do vinho mais envelhecido, do vinho de melhor qualidade.

Se ele fosse capaz de ressuscitar os mortos, então em vez de ressuscitar Lázaro, que não tinha nenhuma utilidade... Não vejo nenhum mérito em ressuscitar Lázaro. Ele deveria ter escolhido Moisés, Abraão, Ezequiel – então os judeus o teriam adorado em vez de crucificado. Se ele houvesse ressuscitado dos mortos todos os antigos profetas, os judeus, sem nenhum questionamento, o teriam aceito como o filho único de Deus. Qual teria sido a necessidade de argumentar? Ele teria se provado por suas ações. Mas essas histórias são apenas histórias. Jesus, para ser histórico, tem de ser desnudado de todos esses milagres. Mas se você despojá-lo de todos esses milagres, os cristãos não estarão mais interessados em Jesus. O que restou nele? Por que acreditariam nele?

Na verdade, eles nunca acreditaram nele. Por isso eu digo que a minha religião é a primeira e a última religião na Terra, porque você não está aqui por causa de nenhum milagre que eu tenha realizado. Você não está aqui comigo por causa de qualquer coisa especial que haja em mim. Eu não carrego nenhuma autoridade de Deus, não tenho nenhum apoio das Escrituras. Sou tão comum quanto você. Até agora, isso nunca aconteceu. As pessoas amam Jesus por causa dos seus milagres; tire os milagres e seu amor desaparecerá. Elas foram atraídas pelas qualidades mágicas; não estavam absolutamente interessadas em Jesus. As pessoas ficaram interessadas em Krishna porque ele era a encarnação de Deus e realizou tantos milagres. Tire esses milagres e Krishna estará acabado!

Você não pode acabar comigo. Você pode tirar qualquer coisa de mim, mas não pode acabar comigo, porque de maneira nenhuma eu tentei influenciá-lo, impressioná-lo realizando algo sobre-humano. Tudo pode ser extraído de mim, mas o seu relacionamento comigo permanecerá o mesmo; ele não pode ser modificado porque, antes de tudo, ele é um relacionamento simples.

Esses relacionamentos entre os cristãos e Cristo, os judeus e Moisés, e os hindus e Krishna não são de modo algum concernentes aos indivíduos. Se Jesus encontrasse você no caminho e lhe dissesse: "Sou Jesus Cristo", a primeira coisa que você lhe diria, para comprovar, seria para ele caminhar sobre a água.

As variedades de poder

Você não pode me pedir isso. Não pode sequer me pedir para caminhar, porque eu nunca realizei sequer esse milagre! Caminhar sobre a água... você não pode me pedir porque vai parecer tolo. Mas a Jesus você pode pedir e estará perfeitamente certo. Se ele caminhar sobre a água, ele vai se afogar, pois isso é simplesmente contra as leis da física; ele vai afundar. Então, qual será o seu relacionamento com um Jesus que se afoga... Você terá de correr, pular, salvá-lo e lhe aplicar respiração artificial! Qual será o seu relacionamento com esse homem? Pense nisso. Não, você não tem nenhum relacionamento com Jesus, Mahavira, Buda, Krishna, absolutamente nenhum. Sua atenção foi desviada.

Ensinaram-no a amar Jesus. Por quê? Porque ele transformou água em vinho? Mesmo que ele tenha transformado água em vinho, isso não significa que ele mereça o seu amor. Na verdade, ele cometeu um crime; deveria estar atrás das grades. Transformar água em vinho sem licença... isso seria contra a lei, contra o governo, contra a sociedade. Ele deveria ser punido – não vejo como pode merecer o seu amor. E essa é uma velha história. Atualmente ele transformaria um vegetal em maconha, haxixe. Os políticos continuam citando Jesus sem conhecer o homem, porque, se ele estivesse aqui e fizesse algum milagre – e ele teria de fazer um milagre, porque sem esse milagre ele não seria ninguém –, então seria o maior traficante dos Estados Unidos. Esse seria o único milagre que os Estados Unidos entenderiam. Ele não transformaria pedras em pão – há pão suficiente nos Estados Unidos –, ele transformaria pedras em LSD.

Não, ele nunca fez nenhuma dessas coisas. Mas então o seu amor e a sua fé desaparecem.

Desde o início da sua infância ensinaram-no a amar a Deus, a quem você não conhece; não tem nem certeza de que ele existe. O seu amor tem de ser desviado em uma direção absolutamente imaginária; não há realidade correspondente a ela. O seu amor por Jesus não é por Jesus, mas por coisas com as quais qualquer mente medíocre fica impressionada.

Se você tiver um pouquinho de inteligência, poderá ver que tudo isso é absurdo. Mas desde a infância estão desviando o seu amor para dimensões irreais. Uma coisa, que é uma estratégia muito astuta, é dar ao seu amor uma forma, uma determinada direção, que não pode ser cumprida; e, por causa disso, aquilo que pode ser cumprido não lhe será atrativo. Uma pessoa que foi ensinada a amar a Deus vai achar que se ela amar uma mulher ou um homem estará caindo muito baixo. Deus está lá, bem lá em cima, no Paraíso – e este é um homem comum, uma mulher comum! As pessoas têm dado um objeto tão impossível para o seu amor, que tudo o que é possível se torna algo que está abaixo de você. Mesmo que, devido à sua natureza, à sua biologia, você se apaixone, há uma parte em você que continua dizendo: "Há algo errado nisso". Você continua se sentindo culpado. Essa foi a primeira coisa que fizeram ao seu amor.

A segunda coisa que fizeram foi dizer: "Ame sua mãe" – e por quê? – "porque ela é sua mãe". Isso é o suficiente para o amor existir? Você tem de amar alguém porque esse alguém é sua mãe, seu pai, sua filha, seu irmão, sua irmã?

As variedades de poder

Esses relacionamentos não podem criar amor. Eles podem criar certo tipo de respeito – ela é sua mãe e você pode respeitá-la. Ele é seu pai e você pode respeitá-lo; ele produziu você. Mas o amor não é algo que você possa manejar. O respeito é algo que, está em suas mãos, mas o amor, não. O amor é algo que quando chega, chega como um ciclone, envolve você, o contém totalmente em sua abrangência. Você não está mais ali. Algo mais elevado que você, maior que você, mais profundo que você, tomou posse de você.

Para evitar isso, têm lhe sido ensinada a hipocrisia em nome do amor: "Ame sua mãe". Simplesmente este ensinamento – ame seu pai, ame sua mãe, ame seu irmão, ame sua esposa, ame seu marido, ame seus filhos. Isso lhe foi dito tantas vezes que você nunca questionou: "Isso é possível? Está dentro da capacidade humana amar alguém dessa forma?" Uma questão fundamental foi completamente esquecida.

Se lhe é dito para amar alguém, como você vai fazer isso? Sim, você pode atuar, você pode fingir, você pode repetir belos diálogos dos filmes que viu, dos romances que leu. Você pode dizer belas coisas, mas nada estará saindo de dentro de você. Você não está amando, está simplesmente representando um teatro. E a tragédia é que a maioria de nós continua a vida inteira no ensaio, nem mesmo no teatro. O tempo do teatro nunca chega, apenas o ensaio prossegue repetidamente. E mesmo que para algumas pessoas chegue o momento do teatro, esse teatro também é tão irreal quanto alguma coisa pode ser, porque o seu coração não está nele. Ele está morto, não respira. Não tem calor, não tem vivacidade, não tem dança. Você está fazendo isso porque foi treinado para fazê-lo. É uma espécie de exercício, uma ginástica, uma etiqueta, boas maneiras, qualquer coisa – mas não amor.

Estas são as maneiras como a sua autenticidade com relação ao amor tem sido deteriorada.

Sua pergunta é, se eu digo que o amor e o ódio são a mesma energia, então por que há tanto ódio no mundo e não tanto amor? É porque ninguém lhe tem ensinado sobre o ódio; por isso o ódio tem permanecido puro, inadulterado. Ninguém o tem incomodado, ninguém tem lhe dito como odiar, a quem odiar. E como o ódio foi deixado intocado por seus pais, professores e sacerdotes, ele é dotado de uma pureza, de uma sinceridade.

Quando um homem o odeia, você pode confiar que ele o odeia. Mas quando ele o ama, você não pode confiar. Você sabe perfeitamente bem que, quando você odeia alguém, isso tem uma enorme força. Você se lembra mais dos seus inimigos do que dos seus amigos. Você consegue esquecer seus amigos, mas não consegue esquecer seus inimigos. Por que isso acontece? Porque o seu amor foi distorcido e algo irreal, que não é amor, foi entregue a você. E você tem brincado com esse brinquedo chamado amor, inconsciente de que existe um potencial de amor dentro de você. Então, quando você ama, é apenas mais ou menos, superficialmente. Um pequeno arranhão, e ele vai embora. Mas, quando você odeia, você odeia de dentro de suas entranhas. Não é uma coisa superficial, vem lá do fundo.

Eu tenho me surpreendido com a pureza do seu ódio, com sua autenticidade, naturalidade, espontaneidade.

As variedades de poder

E justamente por causa da sua espontaneidade, naturalidade, autenticidade e pureza, vejo nele certa beleza que não existe no seu amor. Seu amor é um engodo. Por isso você não vê tanto amor no mundo e vê tanto ódio.

Você ouve muitas coisas sobre o amor no mundo. Todo mundo está amando todo mundo, falando sobre o amor, mas é tudo conversa: blá-blá-blá! Isso acontece no mundo todo. Todos falam sobre o amor, belos diálogos, mas na verdade você vê ódio em toda parte. As religiões odeiam umas às outras. As nações odeiam umas às outras. Os partidos políticos odeiam uns aos outros. As classes odeiam umas às outras. Continue observando e você ficará surpreso com quantas fontes de ódio existem. E a cada dez, 12 anos, você precisa de uma guerra mundial – é ódio demais, e ainda assim ele continua acumulado. Todo dia você expressa ódio, e ainda assim ele vai de tal modo se acumulando que a cada dez, 20 anos, explode em uma guerra mundial. Em três mil anos foram travadas cinco mil guerras no mundo. Quem é responsável? Os benfeitores que estão continuamente atrás de você ensinando-lhe sobre o amor, a bondade, a compaixão. Ninguém lhe ensina sobre o ódio, e assim ele continua lá, cada vez mais forte, bem mais vibrante, jovem e novo.

Eu gostaria que chegasse um tempo em que ninguém lhe ensinasse também sobre o amor. Você deveria ser deixado em paz. Deveriam lhe dizer para ter mais consciência de qualquer coisa que aconteça com você – ódio ou amor, não importa. O importante é que, se você odiar, odeie com consciência. Se amar, ame com consciência.

Se eu fosse lhe ensinar algo, não lhe diria a quem amar ou como amar. Tudo isso é absurdo. O amor é uma qualidade que lhe é intrínseca. Você nasce com ela; e o ódio também está ali presente. Eu lhe ensinaria a ficar atento. Diante de qualquer coisa que lhe aconteça – amor ou ódio, raiva, paixão, compaixão, qualquer coisa – fique atento. Deixe que tudo surja com a sua consciência.

E o milagre da consciência é que, sem você dizer nada, sem fazer nada, ela simplesmente dissolve tudo o que é feio em você em tudo o que é bonito.

A consciência é uma força transformadora.

Por exemplo, se você estiver consciente da raiva, ela vai desaparecer. Se estiver consciente do amor, ele vai se tornar mais forte. Se existir ódio e você tomar consciência dele, ele vai desaparecer, vai se dissipar. Logo você vai descobrir que aquela nuvem de ódio desapareceu e, em vez disso, uma qualidade totalmente oposta – um misto de compaixão, bondade, afeição – ficou atrás de si como um aroma.

Para mim, este é o critério: o que se aprofundar com a sua consciência é virtude; o que desaparecer com a sua consciência é delito. Para mim, essa é a definição. Eu não rotulo nenhum ato como delito, virtude, certo, errado – os atos não têm essa qualidade. A sua consciência, sim.

Experimente fazer isso e vai ficar simplesmente impressionado em ver que há coisas em você que não conseguem subsistir diante da consciência; elas simplesmente desaparecem. A consciência funciona quase como mágica.

E você pode experimentar o que estou dizendo. Não estou lhe dizendo para acreditar nisso, porque a crença não vai ajudar. Você terá de experimentá-lo. Terá de ver,

As variedades de poder

com as diferentes coisas que estão dentro de você, o que permanece e o que desaparece.

E só você pode descobrir o que é certo para você e o que é errado para você. Portanto, mantenha o fio da consciência percorrendo todas as suas ações, e na sua vida não encontrará nenhum ódio, nenhuma raiva, nenhuma inveja. Não que você as tenha abandonado, não que as tenha reprimido, não que de alguma forma tenha se livrado delas, não que tenha praticado alguma coisa contra elas. Não, você não fez nada, nem sequer tocou nelas. Esta é a beleza da consciência: ela nunca reprime nada, mas há coisas que simplesmente se dissolvem à luz da consciência, e se modificam. E há coisas que se tornam mais sólidas, mais integradas, mais profundas, mais fortes: amor, compaixão, bondade, cordialidade, compreensão.

Todas as religiões até hoje têm concentrado a mente das pessoas nas ações. E rotulado – isto é ruim, isto é bom, isto você tem de fazer, isto você não deve fazer. Eu quero mudar toda essa ênfase.

As ações não têm nada a ver com certo e errado. É você, o seu estado de alerta, que é decisivo. Qualquer ação com consciência pode se tornar bela; a mesma ação sem consciência pode ser feia. Com a sua consciência, a mesma ação em uma situação pode desaparecer, e em outra situação pode se tornar sólida, mais forte. Assim, isto não é algo como uma qualidade fixa de qualquer ato, de qualquer emoção; tudo depende de mil e uma coisas. Mas sua consciência toma nota de tudo – você não precisa se preocupar. Ela é como a luz em que tudo se torna claro para você, e você consegue enxergar tudo.

Um monge Zen, durante toda a sua vida, foi preso repetidas vezes. Ele era um grande mestre com milhares de discípulos. Até os magistrados o amavam, o respeitavam. E lhe perguntavam: "Por que o senhor faz essas coisas estranhas? Não conseguimos entender, está além da nossa compreensão" – porque ele furtava pequenas coisas dos seus próprios discípulos, e naturalmente a lei tinha de seguir o seu curso. Os magistrados diziam: "Sabemos que há alguma outra coisa por trás disso. Por que o senhor roubaria um sapato de alguém? Não tem utilidade para o senhor, pois não poderia usá-lo. E agora temos de colocá-lo durante dois meses na cadeia". O mestre Zen ficava sempre muito feliz quando ouvia isso, e costumava dizer aos magistrados: "Vocês não podem me deixar lá um pouco mais? Porque, seja como for, quando eu sair vou fazer isso outra vez, e vocês terão de me trancafiar de novo. Por que não me deixam lá um período mais longo e me impedem de fazer todas essas coisas?"

Já no fim, quando ele estava morrendo, seus discípulos perguntaram: "Agora deixe-nos pelo menos perguntar, porque nunca mais teremos uma oportunidade de saber, por que o senhor furtava coisas, coisas que não tinham nenhuma importância para o senhor? Estávamos sempre prontos para lhe trazer o que quisesse, mas o senhor nunca disse nada, nunca pediu nada".

Ele riu e disse: "A verdadeira razão era que eu queria estar o máximo de tempo possível na cadeia porque há três mil pessoas na cadeia, e encontrei naquelas três mil pessoas seres humanos mais inocentes e mais naturais do que encontrei fora da cadeia. E fora da cadeia há muitos

As variedades de poder

mestres e muitas religiões, e eles estão fazendo o seu trabalho. Ninguém cuida daquelas pobres pessoas que estão na cadeia. Quando estou lá, eu lhes ensino a meditar, eu lhes ensino a ter consciência – a cadeia se tornou um mosteiro! Nós a transformamos completamente. Todos os prisioneiros estão meditando. O carcereiro não consegue perceber isso porque eles estão simplesmente fazendo tudo com consciência. Continuam fazendo o mesmo trabalho de sempre: se estão cortando madeira, estão cortando madeira; se estão cortando pedras, estão cortando pedras; se estão abrindo estradas, estão abrindo estradas. Tudo o que estavam fazendo antes, estão fazendo agora, mas com uma grande diferença".

"E o melhor mosteiro que conheço agora", disse ele, "é esta cadeia onde estive indo continuamente, porque lá vivem pessoas que estão cumprindo longas sentenças – 20 anos, 30 anos. Então, esta é uma grande oportunidade: durante 30 anos elas podem meditar sem nenhuma perturbação do mundo externo. Onde mais eu conseguiria encontrar essas pessoas? E estou imensamente feliz, porque estou deixando atrás de mim, naquela cadeia, um fio que vai continuar por séculos. Essa cadeia vai continuar sendo uma cadeia totalmente diferente. Quem entrar ali estará destinado a ser envolvido na meditação, porque sempre haverá ali alguns veteranos."

Agora, olhando de fora, um homem que furta está fazendo algo errado, e um homem que vai continuamente para a cadeia, sendo repetidamente condenado, é com certeza um criminoso. Mas se vocês observarem a consciência desse homem e as ações derivadas dessa consciência, é algo completamente diferente. Nunca julguem alguém pelo seu ato, porque a coisa real não é o ato, mas a consciência mediante a qual aquele ato foi realizado. Mas todos nós julgamos pelos atos porque os atos estão disponíveis externamente, como os objetos. A consciência, não sabemos.

Isto aconteceu em um mosteiro Zen, onde havia duas alas, uma à esquerda e uma à direita – o mosteiro era feito dessa maneira. Quinhentos monges viviam em uma ala, quinhentos na outra, e a casa do mestre ficava no meio de ambas.

O mestre tinha um gato, um gato muito bonito, e todos os discípulos eram muito carinhosos com o gato. Mas de vez em quando, numa ocasião especial – quando eles tinham uma diversão –, acontecia uma disputa porque os da ala esquerda queriam o gato, mas os da ala direita não estavam dispostos a lhes ceder o gato naquele período. O gato se tornou um constante objeto de disputas e brigas. Um dia, o mestre chamou todos os discípulos e lhes pediu para trazerem o gato. Ele lhes disse: "Todos vocês adoram o gato, mas o gato é só um". Então, ele cortou o gato ao meio – isso causou um choque em todos os discípulos – e lhes disse: "Agora, os dois grupos podem ter a metade do gato. Acabaram as disputas neste mosteiro".

Fez-se silêncio. Eles não conseguiam entender que uma pessoa tão desprovida de violência pudesse ter cortado o gato ao meio. Todos ponderaram e se preocuparam com a questão. A história chegou até o rei, que também era um discípulo do mestre. Ele não conseguiu conter sua curiosidade e no dia seguinte foi procurá-lo. Disse-lhe: "Soube que o senhor matou o seu gato que tanto amava". O mestre disse: "Eu não matei o gato. Acabei com um conflito, com uma disputa que

As variedades de poder

estava crescendo dia a dia e se tornando desproporcional. E esses tolos só entenderam isso quando tomei uma medida drástica. Não matei o gato porque ninguém morre. O gato foi libertado deste corpo por causa desses tolos. E, seja como for, ele já ia morrer; já havia vivido muito – talvez tivesse no máximo mais um ano ou dois. Então, antes de matá-lo fiquei em total silêncio, consciente, e perguntei a mim mesmo: 'O que este pobre gato vai fazer nesses dois anos? Nada. Mas em dois anos estes tolos vão fazer muito'."

E ele continuou: "Eu não matei o gato por raiva, eu não matei o gato por ódio. Eu o amava e o amo mais ainda agora porque ele ajudou a resolver um problema. E foi um bom choque para esses idiotas, porque sem choques a inteligência deles não funciona. De vez em quando é preciso ser duro com eles".

E certamente aconteceu que, a partir daquele dia, todos os tipos de desentendimento simplesmente desapareceram, porque aqueles discípulos se conscientizaram de que aquele homem era perigoso, ele podia matar alguém; a disputa poderia ser perigosa demais. Todas as discussões cessaram.

E o rei ficou absolutamente satisfeito. Ele disse: "Aliás, este tem sido sempre o seu ensinamento: que a questão não é o ato, mas a consciência. Neste caso nós só conseguimos enxergar o ato; não sabemos em que consciência o senhor fez isso. Isso só o senhor sabe. Quem somos nós para decidir sobre isso?"

Nunca julgue ninguém pelo ato que pratica.

Espere. Tente descobrir sua consciência – se não conseguir, não julgue. É mais seguro não julgar. E quanto a você próprio, lembre-se, seja o que for que esteja fazendo, mantenha apenas uma coisa em mente: que o esteja fazendo com plena consciência. Então eu lhe permito total liberdade.

Nenhuma religião tem lhe permitido liberdade. Eu lhe permito total liberdade. Nenhuma religião lhe dá responsabilidade por si mesmo, nenhuma religião lhe dá o direito de decidir o que está certo e o que está errado. Eu lhe dou o direito, a responsabilidade, porque para mim tudo sai de uma única fonte: a consciência.

O questionador diz que eu tenho falado sobre o amor, que a minha mensagem é sobre o amor, e que eu também tenho dito que o homem esclarecido não sente amor nem ódio. Ora, você é maduro o suficiente para elaborar coisas simples. Isso é tão simples: quando, através da consciência, toda a energia do ódio se transforma em amor, esse é um fenômeno totalmente novo – ele precisa de um novo nome. Mas o que fazer? As linguagens são pobres, por isso temos de usar as mesmas palavras, dar-lhes significados diferentes, definições.

Minha mensagem de amor não é a mensagem daquele amor que é o oposto polar do ódio. Minha mensagem de amor é daquele amor que é capaz de absorver o ódio e transformá-lo.

Surge então a questão: se não houver mais ódio, como e por que essa nova energia deve ser chamada de amor?

O amor, em nossa mente, é algo contra o ódio. Mas agora não há oposto ao ódio. Por isso, de vez em quando, eu tenho de lhes lembrar que o homem iluminado não sente ódio nem amor – isso significa uma negação do seu ódio e do seu amor. O amor e o ódio como polaridades, o homem iluminado não

As variedades de poder

sente nenhum dos dois. Isso não significa que ele seja indiferente, embora seja isso que possa lhe parecer. Por isso eu falo da pobreza da linguagem. Se o homem esclarecido não sente amor nem ódio, isso não significa que ele seja indiferente, neutro – não, não é esse o significado. Ele sente um novo tipo, uma nova qualidade de amor que não é oposta ao ódio. Mas não há uma palavra para isso; então, eu tenho de dizer que ele não sente mais ódio, não sente amor da maneira como você sente, ou tenho de dizer que o amor dele é um tipo de amor totalmente novo; um amor que é mais próximo da compaixão do que da paixão, que é mais próprio de uma conexão do que de um relacionamento; um amor que é mais uma entrega sem pedir nada em troca do que o seu chamado amor, que é uma barganha onde cada parte está tentando receber mais e dar menos.

O homem iluminado simplesmente dá. Não porque ele queira receber algo de você – você não tem nada para lhe dar. O que você tem para lhe dar? Ele dá porque tem muito a dar, está sobrecarregado. Ele dá porque é como uma nuvem de chuva, tão cheia de chuva que tem de chover. Não importa onde, sobre o quê – sobre rochas, sobre o solo bom, sobre jardins, sobre o oceano... Isso não tem a menor importância. A nuvem simplesmente quer se descarregar.

O homem iluminado é simplesmente como uma nuvem de chuva.

Ele lhe dá amor, não para receber de volta. Ele o compartilha e lhe fica agradecido porque você lhe deu essa oportunidade; porque você estava suficientemente aberto, disponível, vulnerável; porque você não o rejeitou quando ele estava pronto para despejar todas as suas bênçãos sobre você; porque você abriu seu coração e recebeu tanto quanto estava dentro da sua capacidade.

O mundo pode ficar cheio de amor, do amor sobre o qual estou falando. E só esse amor vai transformar o ódio no mundo – não o amor que lhes foi ensinado. Esse não tornou o mundo mais amoroso, o tornou mais odioso; ele tornou seu ódio mais verdadeiro e mais autêntico, e seu amor mais parecido com uma hipocrisia.

Eu gostaria de um mundo repleto de amor. Mas lembre-se de que esse amor não tem oposto. Ele existe simplesmente porque você, dentro de si, foi capaz, através da consciência, de transformar seu ódio em amor. E mesmo dizer que você foi capaz de transformá-lo não está certo, mas o que fazer com a linguagem? O que quer que se diga, algo está errado em dizê-lo, algo fica errado em dizê-lo.

O fato é que é a consciência em si que transforma o seu ódio em amor; não é você que o transforma. O seu trabalho e função é simplesmente permanecer consciente. Não deixe que nada aconteça na sua vida sem consciência.

Estou lhes oferecendo a religião mais simples e mais natural possível. Por isso eu digo que esta é a primeira e a última, pois não pode ser mais simplificada. Não há mais nada abaixo da consciência; chegamos à última raiz. Não há mais como ir adiante, além dela. Isto é tudo!

Prossiga fazendo todas as coisas que está fazendo, mas se mantenha atento. Faça com que se torne uma constante recordação que nenhum ato ocorra na inconsciência. Isso vai demorar algum tempo. Todos os dias você vai se esquecer de muitas coisas; mais tarde vai se recordar: "Meu Deus! Esqueci de novo". Mas não há razão para se

As variedades de poder

preocupar. Não se preocupe com isso; do contrário, vai esquecer outra coisa. O que passou passou; não desperdice um único momento nisso. É bom que você tenha se lembrado. Use essa recordação para ficar consciente agora em qualquer coisa que esteja fazendo.

Muitas vezes você vai esquecer, muitas vezes você vai se lembrar. Pouco a pouco, devagar, você vai esquecer menos e se lembrar mais. E um dia acontece... Quando o peso da lembrança for maior que o peso do esquecimento, quando a lembrança pesar mais do que o seu esquecimento – instantaneamente vai ocorrer a revolução, a transformação. De repente você é uma pessoa totalmente diferente – o novo homem nasceu. E esse novo homem vai descobrir que todo o seu mundo é novo, porque ele terá outros olhos com novas qualidades de visão, ouvidos novos com novas formas de escutar, mãos novas para sentir e tocar as coisas de uma nova maneira. E uma única pessoa com essa consciência começa a desencadear o processo da consciência em outras. Não com esforço, não que você tenha de fazer alguma coisa para desencadear o processo – o fazer foi o nosso desfazer; você tem apenas de continuar vivendo à sua maneira, sendo à sua maneira, e algo começa a acontecer espontaneamente. A sua presença de algum modo desperta algo nas pessoas que se aproximam de você... O surgimento de uma nova energia, o início de uma nova chama. Você não faz nada e a outra pessoa não faz nada: isso simplesmente acontece. Tudo o que é necessário é uma pequena proximidade, amizade.

E essa é a função do mestre – reunir amigos em volta dele. Não há nenhum objetivo a ser alcançado, nenhuma determinada atividade a ser feita. A função do mestre é apenas permanecer disponível. Nunca se sabe quando alguém está no limite de onde o salto pode acontecer. Nunca se sabe em que momento se está aberto, e apenas um olhar dos olhos do mestre e as coisas nunca serão as mesmas novamente.

Mas esses são todos momentos imprevisíveis; portanto, é preciso esperar silenciosamente, em consciência.

O máximo que você pode fazer é não criar barreiras, não criar obstáculos. Não se manter tenso, à distância. Fique relaxado... aproxime-se. Você não tem nada a perder – só tem a ganhar.

> *Você poderia falar sobre o poder da ciência e sobre a responsabilidade que vem junto? Por exemplo, tenho ouvido você falar de cientistas que estão escolhendo pessoas futuras a partir da análise genética do esperma. Não confio em cientistas, em médicos ou em qualquer um cujo conhecimento não vai além da sua cabeça. Eu intuitivamente acho que a genética só desempenha um pequeno papel na determinação de o que uma pessoa se torna. Um jardineiro pode muito bem se tornar um músico; um soldado pode ter o potencial de ser um cientista. Certamente, o que um homem é não é uma medida do que poderia ter sido em diferentes circunstâncias. Quem poderia ter previsto um Osho no esperma e no óvulo de seu pai e de sua mãe? Por favor, fale mais sobre o insight que está por trás da sua sugestão – que eu não consigo enxergar devido ao meu medo dos regimes totalitários.*

Posso entender sua preocupação; é a minha preocupação também. Mas há muitas coisas a serem entendidas. A

As variedades de poder

primeira coisa é: nunca aja por medo. Se o homem agisse por medo, não haveria progresso possível. Por exemplo, as pessoas que inventaram a bicicleta... Você acha que elas pensaram em qualquer perigo? É simplesmente inconcebível que as bicicletas possam ser perigosas. Mas então os irmãos Wright construíram a primeira máquina voadora a partir de componentes de bicicletas. Todo o mundo exultou – porque ninguém poderia ter imaginado que os aviões seriam usados para destruir cidades, milhões de pessoas, em uma guerra. Mas os mesmos aviões estão transportando milhões de pessoas pelo mundo. Eles tornaram o mundo menor, eles possibilitaram que o mundo viesse a ser chamado de simplesmente uma aldeia global. Eles construíram pontes entre as pessoas, uniram pessoas de diferentes raças, religiões, línguas, de uma maneira que nenhuma outra invenção conseguiu fazer. Então, a primeira coisa a ser lembrada é que agir por medo não é o caminho certo.

Aja com cautela, com consciência, lembrando-se das possibilidades e dos perigos, e criando a atmosfera para evitar esses perigos. O que pode ser mais perigoso do que armas nucleares nas mãos dos políticos? Você colocou a coisa mais perigosa nas mãos deles. Mas na verdade não é necessário ter medo; até mesmo as armas nucleares podem ser usadas criativamente. A vida não pode se permitir ser destruída tão facilmente; ela vai opor uma tremenda resistência. Nessa resistência está oculto o nascimento de um novo homem, de um novo amanhecer, de uma nova ordem, da integralidade da vida e da existência. Na minha opinião, as armas nucleares tornaram uma guerra mundial impossível. Buda não conseguiria fazer isso, Jesus Cristo não conseguiria fazer isso. Todos os santos do mundo reunidos falando sobre a não violência, contra a guerra, não conseguiriam isso. Mas as armas nucleares fizeram o seu trabalho. Vendo que o perigo é tão grande, todos os políticos tremem de medo, pensando que, se uma Terceira Guerra Mundial tiver início, toda a vida será destruída – e eles estarão incluídos nessa destruição. Eles não conseguiriam se salvar. Ninguém poderia ser salvo.

Esta é a grande chance para todos que amam a criação. Este é o momento em que podemos voltar toda a direção da ciência para a criatividade. Lembre-se de uma coisa: que a ciência é neutra. Ela simplesmente lhe dá poder. Agora, como usá-lo depende de você, depende de toda a humanidade e da sua inteligência. A ciência nos dá mais poder para criar uma vida melhor, para criar uma vida mais confortável, para criar seres humanos mais saudáveis – vale mais do que evitar essas coisas simplesmente por medo de que algum poder totalitário possa fazer um uso inadequado delas.

Tudo pode ser usado inadequadamente. E o próprio questionador é um médico; ele próprio pertence à categoria dos cientistas. Ele deve entender uma coisa: que tudo o que pode prejudicar pode também ser de enorme benefício.

Não condene nada; simplesmente eleve a consciência dos seres humanos. Do contrário, estará caindo na mesma falácia em que caiu Mahatma Gandhi.

Se você começar a agir por medo, onde vai parar? Mahatma Gandhi usou essa mesma lógica e parou na roda. Ela foi inventada milhares de anos atrás e Gandhi não queria ir além dela. Ele queria que tudo o que tivesse sido inventado depois da roda fosse destruído. Era contra as

As variedades de poder

ferrovias, porque na Índia as ferrovias foram usadas para escravizar todo o país. As ferrovias na Índia não foram criadas para o conforto das pessoas e para servi-las. Foram criadas para transportar exércitos, de modo que em poucas horas os exércitos pudessem se mover de uma parte para outra do país. A Índia é um país vasto. Há lugares que, mesmo por trem, você pode demorar seis dias para atingir. A Índia é quase um continente; e para controlar o país os britânicos tiveram de construir uma imensa rede de ferrovias. Seu propósito básico era o exército e a movimentação do exército.

Mas isso não pode nos fazer decidir que os trens devem ser destruídos. Isso significaria que o movimento do homem ficaria encurtado e ele voltaria para a Idade Média. Mahatma Gandhi não era favorável sequer a coisas inocentes como telegramas, telégrafos, correios, porque no início eles foram todos usados na Índia para controlar o país. Pouco a pouco foram transformados em serviços públicos. Toda invenção foi primeiro usada pelos militares, pelos fomentadores da guerra, e finalmente passaram a ser usadas pelas pessoas comuns.

O que é necessário é não andar para trás; do contrário, você vai destruir toda a humanidade. O que é necessário é ir em frente e aprender uma lição do passado, qual seja: à medida que a tecnologia científica se desenvolve, a consciência humana deve simultaneamente se desenvolver. E essa será a proteção contra a tecnologia ser utilizada como algo prejudicial à humanidade.

Meu desacordo fundamental com Mahatma Gandhi tem sido este: que ele estava arrastando a humanidade para trás. Primeiro, os cavalos foram usados pelos soldados. Isso quer dizer que os cavalos não devem mais ser usados? Na verdade, todo veículo foi usado no início a serviço da morte. Agora há todos os tipos de medicamentos – e os medicamentos alopáticos, que são a ciência oficial do mundo no que diz respeito aos medicamentos, são em sua maior parte venenos. Eles estão nas mãos dos poderosos.

Tem havido uma grande preocupação de que os militares estejam desenvolvendo um raio chamado raio da morte. Ele pode ser extraído dos raios solares; ele não nos atinge porque há certa camada de ozônio em torno da Terra que evita que ele atravesse até aqui. O ozônio leva esses raios de volta. Mas só tomamos conhecimento deles quando nossos primeiros foguetes foram à lua. Eles fizeram buracos na camada de ozônio, e esses raios da morte começaram a entrar. E imediatamente o índice de câncer aumentou tanto que se tornou inacreditável. O que aconteceu? Então foi descoberto que alguns raios que nunca haviam atingido a Terra a estavam atingindo agora. A União Soviética tentou gerar esses raios da morte. Em vez de enviar armas nucleares, mísseis e aviões sem piloto carregados de bombas, controlados apenas por controle remoto, eles tentaram encontrar algo mais refinado. Apenas enviar raios... e não se pode fazer nada contra esses raios, pois eles nem sequer são visíveis. E eles não vão destruir coisa alguma: os prédios e as estradas permanecerão intactos. Eles só destruirão as coisas vivas – o homem, as aves, os animais, as árvores, tudo o que tenha qualquer tipo de vida. No momento em que o raio da morte as toca, a vida desaparece. Isso criará um tremendo pesadelo. As casas continuarão ali, as ruas

As variedades de poder

continuarão ali, as lojas continuarão ali, tudo continuará ali; apenas a vida não estará mais ali.

Mas mesmo assim eu não diria que não se devem investigar os raios da morte. Quando os russos começaram a trabalhar com os raios da morte, os Estados Unidos imediatamente começaram a trabalhar e descobrir como evitá-los, como detectá-los, como contê-los, como criar antirraios da morte. E há a possibilidade de que talvez no futuro, mesmo que o homem não use essas coisas, se a camada de ozônio começar a ser rachada em diferentes partes e os raios da morte entrarem na atmosfera, consigamos ter criado antirraios da morte para contê-los. Podemos ser capazes de criar, mais perto de nós, outra camada de ozônio.

Então, não se deve agir por medo; deve-se ver toda a perspectiva. Se houver medo, isso significa que o medo vem não do poder gerado pela ciência: o medo vem do homem inconsciente. Em suas mãos tudo se torna venenoso, perigoso.

Mude o ser humano, não pare a ciência progressiva. Por exemplo, eu tenho falado sobre as últimas descobertas dos geneticistas. Até agora temos vivido acidentalmente, nas mãos da biologia cega. Não se sabe que tipo de filho você vai gerar – cego, retardado, aleijado, feio, e se ele vai sofrer durante toda a sua vida. E, de uma maneira inconsciente, você é responsável, porque nunca se importou em descobrir alguma maneira de só nascerem crianças saudáveis – não cegas, não surdas, não néscias, não retardadas, não loucas. E a ciência genética é capaz de exatamente descobrir algumas coisas: por exemplo, se a criança nascida de determinada combinação de energia masculina e feminina vai ser saudável ou não.

No Tibete, no passado, eles usavam um método muito estranho, muito primitivo; mas não se pode ter raiva deles, pois tiveram de usá-lo. Era um método muito bárbaro. Quando uma criança nascia, ela era imediatamente mergulhada sete vezes em água gelada! Da sétima vez ela ficava azul; estava-se mergulhando apenas um cadáver. Mas isso era absolutamente necessário, porque o Tibete é a terra mais alta do mundo, fica no alto dos Himalaias. Lá a vida é muito difícil, as pessoas precisam ser muito fortes, e o frio é mortal. A menos que uma criança fosse capaz de suportá-lo, era melhor que morresse. Isso era feito por compaixão, não por crueldade. Era melhor que ela morresse do que sofresse durante toda a sua vida. Ela não seria capaz de funcionar, não seria capaz de trabalhar. E aquela terra precisava de pessoas que conseguissem tolerar tanto frio e ainda assim trabalhar, produzir. Esse foi um tipo antigo de engenharia genética. Eles estavam escolhendo – embora não tivessem ideia de como fazer isso. Mas de alguma maneira conseguiram escolher as pessoas mais saudáveis; daí o resultado de os tibetanos viverem muito, porque todas as pessoas que teriam morrido na meia-idade de alguma maneira tiveram sua vida terminada assim que entraram no mundo. As cartas retornaram sem ter sido abertas! E as pessoas que permaneceram eram realmente fortes, realmente obstinadas. Elas viveram uma vida longa e muito saudável, porque desde o início todos os fracos foram eliminados. E isso fazia parte da compaixão. Por que permitir que vivesse uma pessoa que iria sofrer durante toda a sua vida todos os tipos de doenças, enfermidades, fragilidades? Ela não seria capaz de desfrutar a vida de forma alguma.

As variedades de poder

Os cientistas não podem dizer em detalhes que um homem vai se tornar um médico, um engenheiro ou um jardineiro, mas podem dizer algumas coisas definitivamente, e algumas coisas como possibilidades. Sobre a saúde e alguns tipos de doenças que a criança pode sofrer, eles conseguem falar definitivamente e, portanto, podem ser tomadas precauções, sendo possível evitar que as pessoas sofram dessas doenças. Eles conseguem certamente dizer por quanto tempo é provável que a criança viva, e as medidas que podem ser tomadas para prolongar a sua vida. Do lado das possibilidades, podem dizer que aquela criança tem uma possibilidade, um potencial para ser um músico. Isso não significa que ela não possa vir a ser um médico; significa simplesmente que, se lhe forem oferecidas as oportunidades certas, ela se tornará um músico em vez de um médico. Se ela não se tornar um músico e sim um médico, ela jamais encontrará realmente sua realização. Seu ser interior continuará sentindo falta de algo.

Portanto, se o geneticista pode dizer quais são as possibilidades, então a sociedade, os pais, a comunidade, podem disponibilizar algumas oportunidades para a criança. Neste momento, não sabemos qual é o seu potencial. Temos de decidir; os pais ficam num dilema no momento de optar para onde enviar o filho: para uma faculdade de engenharia ou de medicina? Para uma marcenaria ou para uma oficina mecânica? Para onde enviá-lo e como decidir? Sua decisão vem de considerações financeiras. Essa é a única maneira que eles têm de decidir – de que maneira o filho terá sucesso financeiro, uma vida confortável, prestígio. Esse pode não ser o potencial dos filhos, mas os pais não têm ideia.

Os geneticistas podem simplesmente lhe dar as possibilidades. Eles não estão dizendo que estas sejam certezas, que o que quer que você faça com este filho ele vai se tornar um músico. Não estão dizendo isso porque a natureza pode ser desviada pela educação. Se você lhe fechar todas as possibilidades de ser um músico e obrigá-lo a ser um médico, ele se tornará um médico; mas será um médico durante toda a sua vida sem querer sê-lo, sem nenhuma alegria.

A natureza é importante, mas, se soubermos exatamente quais são as possibilidades, podemos ajudar a criança mediante o tipo certo de educação. Então, a natureza e a educação poderão funcionar juntas de uma maneira harmoniosa e criar um ser humano melhor, mais contente consigo mesmo, mais alegre, e criar um mundo mais belo em torno dele.

Apenas em um ponto você está certo: a genética é capaz de revelar o potencial para tudo, exceto para a iluminação, porque a iluminação não faz parte de um programa biológico. É algo que está além da biologia. Por isso, na ciência genética não há como dizer que uma pessoa se tornará iluminada. No máximo poderá dizer que esta pessoa terá uma maior inclinação para a espiritualidade, para o misticismo, para o mundo do desconhecido. Mas se essas inclinações forem conhecidas, poderemos prover a educação para essa criança, e o mundo terá mais pessoas iluminadas do que jamais foi possível antes.

O medo do questionador é que, se a genética cair nas mãos de governos totalitários, eles comecem a escolher as crianças que serão obedientes ao *status quo*, que não serão revolucionárias, que nunca se rebelarão, que sempre estarão prontas para se tornarem escravas sem qualquer resistência.

As variedades de poder

Esse medo existe, mas esse medo pode ser encarado. Por que dar o poder aos governos totalitários? Estou sugerindo um programa geral para a sociedade.

Minha primeira ideia é que as nações deveriam desaparecer. Deveria haver um governo mundial que seria apenas funcional. Não há a questão de ele temer a revolução porque ele estaria a serviço das pessoas, e os funcionários do governo mundial seriam apenas um Rotary Club; eles mudariam todos os anos. Ninguém ficaria no poder por mais de um ano, e depois de servir aquele ano não poderia ficar de novo no poder. Somente por um tempo, por um ano – o que ele pode fazer? E o seu poder não seria totalitário. As pessoas que o tivessem escolhido teriam o direito de tirá-lo do poder a qualquer momento. Cinquenta e um por cento dos eleitores que o escolheram fariam um abaixo-assinado ao governo dizendo que queriam que ele fosse retirado do poder – por ele estar agindo contra o interesse do povo – e a pessoa perderia todo o seu poder. O seu poder não lhe seria concedido por cinco anos sem nenhuma restrição. De todo modo, ele estaria fora do poder depois de um ano e jamais veria de novo o poder; por isso, extrairia o melhor desse poder, faria algo que lhe fizesse ser lembrado. E, se tentasse fazer algum mal, sempre teríamos a possibilidade de tirá-lo de lá. Apenas 51 por cento dos eleitores seriam necessários para assinar um abaixo-assinado e a pessoa estaria fora.

Meu plano é completo para toda a sociedade; ele não é fragmentário. As grandes cidades, daqui a algum tempo, deveriam desaparecer; pequenas comunas deveriam assumir o seu lugar. As famílias deveriam desaparecer, de forma que não haveria lealdade para com uma família, não haveria lealdade para com uma nação. As crianças seriam educadas pela comuna, não pelos pais. E seria decidido pela comuna quantos filhos são necessários, porque, na medida em que a vida das pessoas seria mais longa, precisaríamos de cada vez menos filhos. Se as pessoas idosas forem durar mais tempo, não teríamos espaço para novos hóspedes.

No passado isso era possível – continuem tendo filhos, quantos puderem. Uma mulher estava quase sempre grávida até o dia em que se tornasse incapaz de engravidar. Ela continuava produzindo como uma fábrica, pois o tempo de vida de uma pessoa era muito curto. Cinco mil anos atrás, ninguém vivia mais que 40 anos. Quando um homem morria, ele não tinha mais de 40 anos de idade – e esse podia ser o limite de idade mais alto, não a média. Quando as pessoas estavam morrendo aos 35 ou 40 anos de idade, naturalmente havia muito espaço para as novas pessoas chegarem e assumirem o seu lugar.

Mas os geneticistas também dizem que todo mundo, por natureza, é capaz de viver pelo menos 300 anos e permanecer jovem. A velhice pode ser abolida. E aí será uma grande revolução, porque, se um Albert Einstein pudesse trabalhar durante 300 anos, se um Buda Gautama pudesse pregar por 300 anos, se todos os grandes poetas, místicos, cientistas e pintores pudessem continuar trabalhando, aprimorando seus métodos, aperfeiçoando sua linguagem, sua poesia, aprimorando suas técnicas, sua tecnologia, o mundo seria imensamente rico.

Do modo como as coisas são agora, há um enorme desperdício. Quando um homem realmente envelhece, a morte começa a bater à sua porta. Isso é estranho – traz novas pessoas que não sabem nada. Então elas são criadas, educadas, treinadas, disciplinadas, e quando estão realmente maduras são aposentadas. Quando são realmente capazes de fazer algo, chega o momento da aposentadoria. E depois da aposentadoria ninguém vive mais do que dez ou 15 anos, porque depois da aposentadoria a pessoa se torna totalmente inútil, e a própria pessoa começa a se sentir um fardo para seus filhos, para a sociedade. Ela perde toda a sua respeitabilidade, seu prestígio, seu poder. Ela se torna um pária, um convidado indesejado que simplesmente reluta em morrer.

Você pode não ter consciência de que a lacuna entre as gerações nunca existiu no passado. A lacuna entre as gerações é um fenômeno que surgiu agora porque as pessoas estão vivendo mais tempo. Atualmente, um pai de 90 anos de idade ainda está vivo, e três outras gerações já surgiram. Seu filho tem 70 anos de idade, seu neto tem 50, seu bisneto tem 30. Agora a distância é tão grande que o neto já não tem ligação alguma com ele: "Quem é esse velho, e por que ele ainda está por aqui? Um problema desnecessário, e sempre irritado, sempre zangado, sempre pronto para explodir. Qual é o propósito disso?"

No passado, as pessoas nunca viam quatro ou cinco gerações juntas; por isso, não havia distâncias entre as gerações. Podia nem me lembrar do nome do meu avô. Poderia perguntar ao meu pai e ele dizer: "Eu mesmo não sei. Os nomes que você sabe são os nomes que eu sei. Mais do que isso, eu não sei". Se continuarmos a viver acidentalmente, então a situação vai ficar pior. É melhor que a sociedade assuma uma nova formulação, um programa totalmente novo. Os velhos programas falharam. A comuna é a nova unidade do mundo. Não mais família, não mais nação – as comunas e uma humanidade internacional.

A comuna será decisiva na criação do que é necessário, porque agora você precisa de médicos, mas não há médicos. Os engenheiros estão desempregados porque há engenheiros demais; ou então você precisa de engenheiros e não há engenheiros. Não há planejamento de vida, há simplesmente um zigue-zague acidental. Por isso há tantas pessoas desempregadas; de outra forma não haveria carência, não haveria nenhuma pessoa desempregada. Não se deve produzir mais pessoas do que aquelas às quais você pode dar emprego. As máquinas estão cada dia mais capazes de fazer o trabalho do homem, de serem mais eficientes que o homem, sem pedir salários mais altos, sem entrar em greve, sem mudar os turnos de trabalho – elas vão trabalhar 24 horas na produção; uma única máquina pode produzir o que produzem mil pessoas – e cada vez mais pessoas vão ficar desempregadas.

É melhor planejar para que tenhamos apenas a quantidade de pessoas de que precisamos. E por que não termos as melhores? Por que não nos livrarmos desta multidão que está na Terra? Essa multidão é a coisa mais perigosa, porque ela está nas mãos de qualquer político esperto.

A multidão não tem mente própria, não tem inteligência própria. Podemos criar indivíduos com grande inteligência, individualidade, e cada geração será uma geração melhor do que a que está partindo. Então a evolução vai assumir rapidamente; do contrário, ficaremos paralisados. Estamos paralisados há milhares de anos; só as coisas

As variedades de poder

continuam evoluindo – carros melhores, aviões melhores, bombas melhores, mas não seres humanos melhores.

Se o homem está paralisado e tudo o mais continua crescendo, esta é uma situação perigosa. O homem ficará sobrecarregado com seu próprio progresso, com sua própria tecnologia, com sua própria ciência. O homem também precisa crescer; o homem deve sempre permanecer à frente.

Eu entendo a preocupação do questionador, mas não concordo com ela. Sempre vejo um raio de luz na noite mais escura. E por mais escura que a noite possa estar, há sempre uma possibilidade de o amanhecer estar bem próximo. Sou favorável a cada progresso científico, mas e deve estar nas mãos de pessoas criativas, e não nas mãos dos fomentadores da guerra. A guerra pode agora ser detida e seus fomentadores podem desaparecer. Isto é possível pela primeira vez na história do homem. Por isso, não tenha medo das pessoas totalitárias.

A menos que modifiquemos toda a programação dos homens e das mulheres, não teremos um novo mundo. Teremos de pôr fim a todos os medos. E, torno a repetir, jamais agir por medo. Qualquer ação derivada do medo vai nos levar para trás.

Aja com consciência, com cautela. Tome todas as medidas preventivas para que aquilo que você está fazendo não seja mal usado, mas não olhe para trás. A vida está à frente e no futuro.

Por causa desse ponto de vista, eu irritei todos os gandhianos da Índia; não fosse isso, eles seriam meus seguidores. Até mesmo o presidente do partido do governo, os ministros e os chanceleres, todos costumavam frequentar meus campos de meditação. Mas no dia em que comecei a dizer coisas contra Mahatma Gandhi, eles ficaram com medo. Ninguém me disse nada, mas eles ficaram com medo: "O senhor não deveria falar nada contra Mahatma Gandhi".

E eu disse: "Não estou falando nada contra ele, mas o que ele está propondo é um passo para trás, conduzir o homem de volta às eras primitivas, torná-lo mais bárbaro. O homem já é bárbaro".

Mas as pessoas que agem por medo talvez achem bom que todo progresso científico seja detido e toda a tecnologia científica seja afundada no oceano, e que o homem volte para uma época em que não existia sequer querosene, em que não havia roupas – você tinha de tecer suas próprias roupas.

Se você tecer suas próprias roupas oito horas por dia, em um ano conseguirá se vestir, vestir sua cama, mas o que vai comer? E se algum dia cair doente, onde vai conseguir seus remédios? E o que vai dar de comer aos seus filhos, e como vai alimentar seu pai e sua mãe velhos, e sua esposa? E como seus filhos serão educados? – quem vai pagar suas despesas? Um homem teria de ficar envolvido durante oito horas apenas para fazer suas próprias roupas!

Tal sociedade será totalmente pobre... sem educação. Mas Gandhi é contra a educação porque a educação está sendo usada de maneira inadequada. Toda a sua filosofia é baseada no medo, porque tudo pode ser usado de maneira inadequada. Mas isso é falar um absurdo. Qualquer coisa pode ser usada de maneira inadequada. Se você estiver

As variedades de poder

vivendo na paranoia, então tem de renunciar a tudo. Há tantos criminosos em suas prisões.

Nos Estados Unidos, há tantas prisões e tantos criminosos que os juízes americanos têm dito ao governo: "Se vocês não criarem mais prisões, fechem os tribunais; não podemos mandar mais ninguém para a prisão – não há mais espaço. Quando mandamos alguém para a prisão, temos de libertar outro, embora este ainda devesse permanecer preso por mais dois ou três anos. Temos de soltá-lo para abrir espaço para os novos criminosos".

O mundo todo está repleto de prisões, e essas pessoas só têm o programa genético errado. Elas são vítimas de uma força biológica cega. Vocês querem continuar com esta humanidade acidental? Vocês não querem que ela seja bem planejada – de uma maneira inteligente, consciente? Eu entendo o seu medo, mas isso pode ser evitado. Isso deve ser evitado. Mas o progresso não pode ser abandonado. De todas as formas, podemos criar um homem que seja realmente um super-homem, que jamais existiu exceto nos sonhos de grandes poetas e grandes místicos. Esse super-homem tem de se transformar em uma realidade. A genética e a engenharia podem ajudar enormemente.

Apesar dos riscos, temos de tomar medidas para mudar a situação atual. A inteligência do homem depende absolutamente da sua herança genética. Podemos ter tantos Albert Einsteins quanto precisarmos, podemos ter tantos Rabindranath Tagores quanto precisarmos, podemos ter tantos Nijinskys quanto precisarmos. O mundo pode ser um lugar lindo. Mas certamente há riscos e há perigos, e estou mais ciente deles do que você. Porém, ainda assim, quero correr todos os riscos porque o homem não tem nada a perder. Ele não tem nada, por que vai ter medo? Ele tem tudo a ganhar e nada a perder.

O risco pode ser assumido – sim, com consciência. Por isso estou ensinando o tempo todo como estar mais consciente, como ficar mais consciente, porque há muito a ser feito uma vez que tenhamos certa parcela de humanidade alerta e consciente. Esses serão nossos guardiões, nossos guardas contra a tecnologia sendo usada de alguma forma para maus propósitos.

Podemos tomar todas as medidas de proteção, mas não podemos andar para trás.

Quando eu era criança, sempre achei que havia um espírito rebelde dentro de mim, mas não queria permitir que ele se expressasse, e logo ele começou a desaparecer. Agora estou começando a achar que cada um de nós carrega um poder dentro de si que poderia proporcionar a real transformação do mundo. E esse me parece muito com aquele mesmo espírito rebelde que eu tinha. Você poderia me falar algo a esse respeito?

Todo mundo nasce inocente, pacífico, amoroso... sem saber nada sobre a competição brutal que existe no mundo, nada sobre as armas nucleares que estão sendo preparadas para recebê-lo, nada sobre a política suja que vem torturando a humanidade há milênios. Mas antes da sua paz, do seu amor, da sua confiança poderem se tornar uma força rebelde, começamos a destruir tudo o que é belo na criança e a

As variedades de poder

substituí-lo por tudo o que é feio em nós. Foi isso que nossos pais fizeram conosco, e assim repetimos a performance.

Geração após geração, a mesma doença vai sendo transferida de mão em mão. Com todas as melhores intenções do mundo, os pais, os professores, os líderes, os sacerdotes vão impondo ideias de competição, comparação, ambição, preparando cada criança para a luta árdua que ela vai enfrentar na vida – em outras palavras, para a violência, para a agressividade. Eles sabem que, a menos que você seja agressivo, será deixado para trás. Você tem de se impor e fazê-lo através da força. Tem de competir como se isso fosse uma questão de vida e morte. Tudo isso forma a estrutura do nosso sistema educacional.

Eu costumava ser o primeiro da minha classe – não que eu fosse estudioso, não que frequentasse as aulas regularmente. Eu simplesmente descobri que as aulas que eles estavam dando aos alunos não valiam sequer o tempo de dois meses, e estávamos desperdiçando o ano todo. Então, durante os dois meses do final do período, eu dedicava toda a minha atenção, e o tempo restante desfrutava de tudo, exceto da escola. Os professores ficavam impressionados! Então, quando eu ia para casa depois da divulgação dos resultados e dizia a meu pai que havia terminado em primeiro lugar, ele sempre dizia: "Isso significa que você está em uma classe em que só há tolos".

Eu dizia: "Isso é estranho. Quando os outros são os primeiros da classe, os pais deles ficam felizes. Mas o senhor, ao que parece, fica triste por eu estar estudando com tolos. O senhor acha que é por isso que eu fiquei em primeiro lugar, do contrário não haveria esperança para mim".

Mas ele nunca me encorajou, nunca me disse: "Você teve um bom desempenho, deve ser recompensado". Ele jamais me recompensou; sua única reação, consistentemente, era: "É estranho como você sempre consegue encontrar uma classe de tolos e assim, naturalmente, fica em primeiro lugar".

Mas isso é muito raro. Os pais dão todo o incentivo: "Seja o primeiro e você será recompensado". Ser o primeiro é trazer honra aos pais, à família. Todos o ensinam a ficar na frente dos outros, não importa a que custo. Mais cedo ou mais tarde, as crianças se tornam tensas e começam a andar mais depressa. Mesmo que tenham de ferir alguém para ficar na frente, elas o fazem. A violência faz parte de uma sociedade competitiva. Em uma sociedade competitiva você não tem nenhum amigo. Todos fingem ser amigáveis, mas todos são seus inimigos porque todos estão lutando para subir a mesma ladeira. Todos são seus inimigos porque podem ser bem-sucedidos e obrigá-lo a fracassar. E logo as pessoas começam a aprender como dar rasteira nos outros, como usar meios escusos, porque esses meios escusos lhes proporcionam um atalho.

Havia um aluno, quando eu dava aulas na universidade... Ele ficava tão impossível nos dias de prova que nenhum professor queria ficar na sala quando ele estava presente. Ele era quase assassino – a qualquer momento podia assassinar alguém. O que ele costumava fazer era o seguinte: chegava com uma faca na sala da prova e a colocava sobre a mesa para que todos pudessem vê-la ali, de forma que nenhum professor se aproximasse. Ele trazia anotações com ele para a prova e sempre conseguia ser o primeiro. Nenhum professor queria tomar conta da sala de exame onde aquele aluno estava. Meu vice-reitor pediu-me para ir.

Eu disse: "Não há problema".

Ele disse: "Mas ninguém está disposto..."

Eu disse: "Eles não entendem".

Pedi a um dos meus amigos – ele era um *sikh*. Eu lhe pedi: "Empreste-me o seu *kripan*". *Kripan* é um tipo grande e especial de espada, bem mais perigosa do que qualquer outra espada. Só um golpe e a cabeça está fora!

Ele perguntou: "O que você vai fazer com a espada?"

Eu disse: "Vou ensinar esse aluno a ser um *sikh*".

Ele disse: "Isso é bom. *Vah guruji ki fatah. Vah guruji ka khalsa*". Esse é o mantra dos *sikhs*: "É assim que acontece a vitória do mestre. É assim que acontece a vitória dos seguidores do mestre". Ele me deu o seu *kripan* e eu fui para a sala da prova. Aquele aluno estava sentado com sua pequena faca sobre a mesa. Eu me aproximei da sua mesa e, bem ao lado da faca, enfiei meu *kripan* na madeira. Ele olhou para mim e eu disse: "Livre-se de todas as anotações que trouxe com você. Olhe para o meu *kripan*". E ele tirou sua faca.

Ele perguntou. "O que o senhor vai fazer?"

Eu disse: "Se você disser mais uma palavra – com apenas um golpe do *kripan* você vai perder sua cabeça".

Ele disse: "O senhor parece estar louco. Eu não fiz nada de errado e o senhor está pronto para me matar!"

Eu disse: "Não é uma questão de certo ou errado. É uma questão de quem tem a faca maior – eu tenho a maior! Eu tenho todos os poderes nesta sala de exame para lançá-lo fora daqui". E atirei sua faca pela janela da sala.

Eu disse: "Se você não se livrar de todas as anotações que trouxe com você, sua cabeça vai sair pela mesma janela". Ele me deu todos os seus papéis, e eu os atirei pela mesma janela.

O vice-reitor estava assistindo da janela do seu gabinete. "O que está acontecendo? Coisas estão sendo atiradas pela janela da sala de exame! Primeiro a faca, depois alguns cadernos..." Ele veio correndo. "Parece que está havendo algum problema."

Eu disse: "Não fique preocupado. Só mais uma coisa... se este garoto não se comportar, o senhor verá mais uma coisa sair por aquela janela".

Ele perguntou: "O quê?"

Eu respondi: "A cabeça dele!"

Ele me levou para fora da sala e disse: "Lamento ter lhe pedido para ser o examinador aqui. Esqueça, você não pode fazer uma coisa dessas!"

Eu disse: "Não há outra maneira de dar uma lição nesse idiota. Como todos os professores que o senhor mandou lá ficaram com tanto medo da faca, agora ninguém tem coragem de ir lá. O que ele pode fazer? No máximo ele pode me matar. Então eu trouxe uma faca maior que a dele".

Mas é assim que a sociedade faz todo mundo aprender, mais cedo ou mais tarde: você tem de ser mais agressivo, do contrário será um fracasso. Tem de lutar pelo seu lugar, porque todos estão tentando chegar ao mesmo lugar. O vice-reitor me disse: "Você está dispensado. Nunca mais vai ser chamado para ser examinador".

Eu disse: "Isso é realmente ótimo! Era isso que eu queria. Isso é desnecessário, porque não quero molestar

As variedades de poder

ninguém. A vida já vai molestar todos eles – por que devo acrescentar mais incômodo à vida deles? Mas também não posso permitir que ninguém me moleste. É muito bom o senhor me livrar desta obrigação para sempre".

Mas toda esta sociedade é violenta, e você tem de ser mais violento se quiser ser ambicioso.

Precisamos de pessoas não ambiciosas, não competitivas, daquelas que não têm desejo de poder, para poderem ser os rebeldes. Toda criança pode se tornar um rebelde assim; tudo o que ela precisa é não ser desviada da sua inocência.

Seu instinto está certo quando diz que você tem um rebelde dentro de si. Todos têm um rebelde dentro de si – mas a sociedade é muito poderosa. Ela o torna covarde, ela o torna astuto. Ela não o ajuda a ser seu eu autêntico. Ela não quer seres humanos autênticos, porque teme que haverá rebeldes por toda parte.

Mas lembre-se de que, antes de você se tornar um rebelde, tem de satisfazer algumas condições. Não quero rebeldes à moda antiga. Minha ideia de rebelde é uma ideia totalmente nova, uma nova percepção. Se você não tiver bastante compaixão, bastante amor – silêncios do coração, meditações profundas que lhe proporcionem mais luz, mais consciência –, então não cumpriu minhas condições. Só com essas condições quero que você seja um rebelde. Então não poderá fazer nada errado. Então, tudo o que fizer estará certo. Com amor, tudo está certo. O amor é a mágica que transforma tudo em certo.

Eu quero rebeldes iluminados. Isso é possível porque a iluminação tem sido possível e tem havido rebeldes. Tudo o que precisamos é uma síntese que os una. Rebelião e iluminação, um Buda Gautama com a rebeldia de um Lênin – esse será o mais belo fenômeno.

Um amigo do Japão me enviou uma estatueta do Buda Gautama. Era uma estatueta rara. Eu jamais havia visto outra igual. Em uma das mãos da estatueta havia uma pequena lamparina de terra batida com uma chama. Você tinha de colocar óleo dentro da lamparina para alimentá-la, para que a chama continuasse ardendo. Meu amigo disse: "Há uma condição – eu recebi esta estatueta com a mesma condição – que a chama arda 24 horas por dia sem interrupção". Na outra mão a estatueta segurava uma espada desembainhada. Isso só é possível no Japão, porque o Japão transformou até o manejo de espadas e o arco e flecha em artes meditativas. A meditação é o fundamental.

Na Índia não podemos conceber um Buda Gautama portando uma espada. Mas a beleza da estatueta era que metade da sua face era tão pacífica – onde a luz da pequena chama iluminava, tão calma e quieta, totalmente serena – e o outro lado da sua face era como a espada, tão penetrante que só poderia ser a face de um grande guerreiro. O artista que a criou fez um trabalho maravilhoso. No mesmo rosto ele mostrou uma grande síntese – uma espada nas mãos da paz.

Esta é a minha ideia de rebelião, do rebelde. Ela deve vir do seu amor pela humanidade; não da sua raiva do passado, mas de uma compaixão criativa pelo futuro. Você não está aqui apenas para destruir o velho. Seu ideal, seu objetivo, é criar o novo. Como o novo não pode ser criado sem demolir o velho, você o demole, mas não há raiva nisso. É

As variedades de poder

um processo simples. Você demole um velho prédio – não se trata de raiva. Você limpa o terreno e erige um novo prédio em seu lugar.

Você tem de fazer ambas as coisas: conduzir a paz, o silêncio, a luz, as qualidades do seu ser interior e a rebeldia contra toda injustiça, contra toda a desumanidade. Mas por um propósito criativo, para dar igual oportunidade a todos, liberdade a todos, educação não violenta, educação que não seja apenas informativa, mas também transformativa. Uma educação que o torne mais um indivíduo e promova o florescimento do que há de melhor em você.

Você está aqui com pessoas que têm esses sonhos. E as pessoas que estão no mundo lá fora também tiveram um dia esses sonhos quando eram crianças – as mesmas qualidades, que lhe foram impostas, reprimidas. Suas inibições podem ser removidas.

Meu povo tem de se tornar tochas ardentes, movendo-se pelo mundo para compartilhar o seu fogo com qualquer um que esteja pronto. E você ficará surpreso, porque não há pessoas que nunca tenham sonhado com um futuro brilhante e que nunca tenham vivenciado um estado de inocência, que nunca tenham experimentado um pouco de paz, um pouco de amor, um pouco de beleza. Mas tudo isso foi destruído, distorcido, contaminado, envenenado por uma sociedade feia. Seu único poder está em sua ancestralidade. Mas agora esse mesmo poder, essa ancestralidade, vai provar ser sua maior fraqueza. É necessário apenas um pequeno empurrão. Esta já é uma sociedade morta. Ela preparou seu túmulo com as próprias mãos e você de repente percebe que ela está velha e podre, deitada em seu túmulo.

Nós temos de começar do zero. De novo Adão e Eva, de novo o Jardim do Éden... de novo o início de tudo.

2
Agora ou nunca

Os tempos de desastre o tornam consciente da realidade como ela é. A vida é sempre frágil; todos estão sempre em perigo. Em tempos normais você "dorme" profundamente e por isso não o percebe. Continua sonhando, imaginando belas coisas para os próximos dias, para o futuro. Mas, nos momentos em que o perigo é iminente, então de repente você toma consciência de que pode não haver futuro, não haver amanhã, e que este é o único momento que você tem. Então, os tempos de desastre são muito reveladores – eles não trazem nada de novo ao mundo; eles simplesmente o tornam consciente do mundo como ele é. Eles acordam você. Se você não entender isso, pode enlouquecer; se entender, pode despertar.

Quando eu penso que o homem tem de se purificar de algo, parece ficar complicado. Acho que a coisa mais difícil de o homem se livrar é do chamado poder, seja ele terreno ou espiritual. Para mim, tais pessoas prefeririam ver seu mundo explodir que abrir mão do seu poder.
É mesmo assim?

É assim. As pessoas são totalmente inconscientes de que podem fazer qualquer coisa para manter o seu poder, a sua respeitabilidade – mesmo que isso signifique explodir o mundo todo. Podem arriscar qualquer coisa para salvar o seu ego. E essas são as pessoas que naturalmente atingem as posições de poder, porque são os únicos buscadores do poder.

Nenhuma pessoa criativa, inteligente, busca poder. Nenhuma pessoa inteligente está interessada em dominar os outros. Seu principal interesse é conhecer a si mesma. Por isso, as pessoas com a mais alta qualidade de inteligência buscam o misticismo e as mais medíocres buscam o poder. Esse poder pode ser material, político; pode vir do dinheiro, pode vir de manter dominação espiritual sobre milhões de pessoas, mas a compulsão básica é dominar cada vez um número maior de pessoas.

Essa compulsão surge porque você não se conhece, e não quer saber que você não se conhece. Você teme demais tomar consciência dessa ignorância. Você escapa através desses métodos: cobiça de dinheiro, cobiça de poder, cobiça de respeitabilidade, de honra. E um homem que tem escuridão dentro de si pode fazer qualquer coisa destrutiva.

A criatividade é impossível para uma pessoa assim, porque a criatividade vem de você estar consciente, um pouco alerta. A luz, o amor e a criatividade não estão de modo algum interessados em dominar ninguém – para quê? O outro é o outro; você não quer dominar ninguém nem quer ser dominado por ninguém. A liberdade é o próprio sabor de estar pelo menos um pouco alerta.

Mas essas pessoas estão completamente adormecidas. Durante o sono elas desenvolvem bombas atômicas, sem saber o que estão fazendo. Apenas uma coisa as mantém em movimento: a ideia de atingir mais poder. E quem quer que surja em seu caminho tem de ser destruído. Elas não conhecem nada além disso. São bárbaros que não evoluíram para seres humanos. Sim, elas podem destruir o mundo todo; estão preparadas para fazer isso.

E eu fico surpreso de que neste grande mundo não haja ninguém que queira unir suas mãos às minhas, porque as pessoas têm medo dos poderosos – elas podem ser destruídas por eles. Uma pessoa é corajosa só quando sabe que é indestrutível: você pode matá-la, mas não pode destruir o seu ser. Mas essas pessoas foram desaparecendo da Terra. Nós não as nutrimos. Nós as matamos e depois as adoramos.

Isto também tem de ser entendido: por que todas as pessoas que matamos – por exemplo, Jesus, Sócrates, al-Hillaj Mansur, Sarmad – tornaram-se imensamente respeitáveis depois que foram mortas. Quando estavam vivas eram condenadas por todos, não apenas por aqueles que estavam no poder, mas até mesmo por aqueles que não estavam. Aqueles que não estavam no poder as condenaram para mostrar aos poderosos: "Estamos do seu lado". E os poderosos as condenaram porque essas pessoas estavam trazendo uma nova visão – se ela fosse bem-sucedida, não haveria dominação no mundo. Então haveria apenas seres humanos, todos sendo únicos e desabrochando do seu próprio modo.

Mas todas essas pessoas são adoradas depois de mortas. Isso decorre da culpa. Primeiro as pessoas as matam – é o poderoso que as mata. E é o impotente, o dominado, que apoia o poderoso – sem vontade, mas muito fanaticamente, porque querem mostrar para todo mundo: "Nós somos ainda mais contra elas do que você, somos mais a favor do poderoso do que você".

Mas quando o homem é morto, crucificado, envenenado, estas são as pessoas que começam a sentir culpa... porque desde o início realmente não estavam prontas para matar o homem. Elas não tinham problemas com o homem; ele não estava destruindo nenhum dos seus direitos adquiridos. Elas simplesmente apoiavam o poder porque temiam que, se não o fizessem, se permanecessem caladas, seriam suspeitas de apoiar a pessoa que estava sendo morta.

Um discípulo de Jesus estava em meio à multidão quando Jesus foi crucificado, e lhe perguntaram – pois ele parecia diferente dos outros, não era do mesmo lugar, era um forasteiro e ninguém o reconhecia –, perguntaram repetidas vezes: "Quem é você? Você conhece este homem que está sendo crucificado?" E ele continuava dizendo: "Não, nunca ouvi falar dele. Vendo que tantas pessoas vinham por este caminho, eu vim também só para ver o que estava acontecendo". Nem ele conseguia admitir que era um seguidor de Jesus, porque sabia que o resultado seria outra cruz.

Então, finalmente, quando essas pessoas são crucificadas, as pessoas que a contragosto apoiaram aquilo começam a se sentir muito culpadas: "O que fizemos contra um homem inocente, que não fez mal a ninguém! E o que ele estava dizendo estava certo". Elas podiam entender que as pessoas que estavam no poder exloravam todo mundo.

Este é um mundo estranho. Você conhece pessoas que agora são reis e rainhas, mas se rastrear seus ancestrais vai descobrir que, no início, eles foram ladrões. Como obtiveram seu reino? Eles vieram de uma linhagem de grandes ladrões que mataram muitas pessoas, acumularam dinheiro, terras, declararam-se senhores da terra e agora têm sangue real. Eles fazem parte de uma linhagem de criminosos – e não de criminosos comuns, mas de grandes criminosos! Mas eles têm poder, têm dinheiro – e então naturalmente o sangue deles é especial.

As pessoas comuns sabem o tempo todo que estão sendo esmagadas, lentamente assassinadas. Elas trabalham duro e não conseguem sequer fazer uma refeição por dia. Elas produzem – mas tudo o que produzem vai para aquelas pessoas que estão no poder. Assim, quando apoiam essas pessoas, o fazem com relutância. E essa relutância, quando o homem está morto, se transforma em culpa; elas começam a sentir que foram participantes de um ato criminoso. Não fizeram nada diretamente, mas de certa maneira foram participantes; elas estavam demonstrando que apoiavam os poderosos.

Para remover essa culpa, vem a adoração. A adoração é simplesmente para remover a culpa, eliminar a culpa. Foi assim que religiões como o cristianismo cresceram tanto... porque Jesus não tinha o nível de genialidade para produzir uma religião tão grande. Havia centenas de rabinos que eram bem mais inteligentes, bem mais cultos do que ele; ele era apenas um jovem sem instrução. Mas a crucificação mudou toda a situação. Quando eles o crucificaram, transformaram-no em um deus – um deus para todas aquelas pessoas que apoiaram a crucificação. Elas começaram a sentir culpa.

E, se você olhar mais profundamente, poderá ver isso. Jesus foi morto por ordem do imperador romano, por seu vice-rei, Pôncio Pilatos da Judeia, com a concordância do alto sacerdote do templo dos judeus. Agora veja: Roma foi a cidadela do cristianismo por 20 séculos, mas a ordem de matar esse homem veio originalmente de Roma. Houve um dia em que toda a civilização romana se transformou em uma civilização cristã. Agora o papa tem apenas um pequeno pedaço de terra, de 13 quilômetros quadrados, mas é um país independente. Ele vem se encolhendo lentamente; um dia teve toda a Itália. Era uma autoridade maior que o Estado.

Mas séculos atrás as pessoas eram mortas em Roma por serem cristãs. Cristo foi o primeiro a ser morto, e depois qualquer um que se tornasse cristão era morto da mesma maneira; centenas de pessoas foram crucificadas. E toda essa crucificação gerou tanta culpa nas pessoas que uma religião surgiu dela. Mas tal religião só pode ser um encobrimento psicológico; não pode ser uma verdadeira religião. Ela está simplesmente encobrindo a sua culpa. Quanto mais fanática é uma pessoa religiosa... pode-se medir, pelo seu fanatismo, quanto ela se sente culpada, o que está escondendo por trás disso.

Mas o cristianismo se tornou a maior religião do mundo pela simples razão de que não só Cristo, mas muitas outras pessoas que se tornaram cristãs foram crucificadas sem nenhum julgamento. As massas estavam apoiando as pessoas poderosas, mas no fundo estavam se sentindo feridas – "O que está acontecendo é simplesmente inumano, não deveria acontecer". Mas elas eram pobres, não tinham poder; elas não podiam fazer nada exceto adorar aqueles que foram mortos, após a sua morte.

Uma religião real é sempre uma religião de meditação. Uma religião falsa é sempre uma religião de adoração. A adoração é um método psicológico de lavar o sangue de suas mãos. Até mesmo Pôncio Pilatos... A primeira coisa que fez depois de ordenar a crucificação de Jesus foi lavar as mãos, porque ele não estava querendo matar aquele homem inocente. Havia conversado com ele, havia o escutado em segredo quando ele conversava com seus discípulos, e havia começado a amar algo naquele homem: "Ele é inocente. Ele diz algumas coisas loucas, mas a maneira como as diz é bela. Ele não é uma pessoa instruída, mas fala poesia. Ele não sabe muita coisa, mas o que sabe apresenta com enorme autoridade. E não está causando mal a ninguém; se você não quer escutá-lo, não o escute; se não quer segui-lo, não o siga. Ele não está pregando nenhuma ideia perigosa às pessoas".

Pôncio Pilatos queria que ele fosse libertado. Tentou persuadir os sacerdotes de que ele devia ser libertado porque parecia ser inocente. Mas os judeus não estavam prontos para libertá-lo – e cometeram um grande erro. Eles são responsáveis pela criação do cristianismo! Então, todo o derramamento de sangue que o cristianismo causou no fundo foi por responsabilidade dos judeus. E o cristianismo se vingou, torturou judeus, matou judeus, tornou-os desabrigados. Durante séculos isso ocorreu.

Quem são as pessoas que se tornaram cristãs? Primeiro alguns judeus que perceberam a inocência da pessoa, mas temiam a classe sacerdotal, a hierarquia religiosa que estava no poder. Mas muito mais pessoas foram crucificadas em Roma, e depois muito mais romanos se tornaram cristãos. O povo romano, que agora são italianos, começou a se sentir culpado por aquelas pessoas terem sido crucificadas, apenas por terem se envolvido com Jesus e com seus ensinamentos. Por fim, o império romano desapareceu, e toda a terra dos romanos se tornou cristã. E a partir daí o cristianismo começou a se disseminar pelo mundo todo.

Um sentimento de culpa é muito básico para uma pessoa ser cristã, para ser um falso religioso. A verdadeira religiosidade não vem da culpa, mas do silêncio, do amor, da meditação.

É verdade que as pessoas que estão no poder estão quase a ponto de destruir o mundo; preferem isso a perder o seu poder. Consigo entender a lógica delas – mas elas podem não estar conscientes dela. Sua lógica é a seguinte: Nós vamos morrer de qualquer maneira, então, e daí se o mundo todo morrer? A nossa morte é certa; então, por que devemos nos incomodar se o mundo vai sobreviver ou não a nós? Devemos viver no poder enquanto estivermos aqui, e não há por que nos incomodarmos pelo que acontecerá se o mundo explodir em uma Terceira Guerra Mundial.

A lógica interna é que o dia em que a pessoa estiver morta, o mundo todo estará morto para ela. Você não estava aqui um dia; se o mundo estava ou não aqui não faz qualquer diferença para você. Você não estará aqui um dia; se o mundo ainda estiver existindo ou se tiver sido explodido por armas nucleares não fará nenhuma diferença para você. O que faz a diferença para eles é que eles estão no poder, e querem provar ao mundo todo que são as pessoas mais poderosas.

> *Correndo o risco de parecer ridículo em meio a toda a escuridão sobre o futuro do mundo, eu honestamente não me importo se o mundo terminar amanhã. Então, qual o sentido de ficar falando nisso e desencadear o já maciço fogo da morte que parece arder eternamente na mente depressiva da humanidade? Já basta. Eu entendo que é "agora ou nunca", então vamos agir agora. Vamos dançar!*

É fácil dizer "eu honestamente não me importo com o mundo", mas deixe seu coração sentir isso. O mundo não é algo que está apenas fora de você; o mundo está também dentro de você. Você é o mundo.

E é preciso dar significância a essa questão da escuridão que está cada vez mais próxima, para que a sua escolha se torne o "agora" e você pare de adiá-la. É verdade – "agora ou nunca" – mas há tão poucas pessoas no mundo que vivem o agora. Elas estão sempre vivendo no ontem ou no amanhã.

Por que estou insistindo em que há, pela primeira vez, uma possibilidade de haver nenhum amanhã? Há um velho provérbio que diz "O amanhã nunca chega". Mas o velho provérbio tem sido apenas um provérbio – e, apesar dele, o amanhã continua chegando. Pode não chegar como amanhã; pode chegar como hoje – e nesse sentido o provérbio está certo. Mas hoje a situação é totalmente diferente: o amanhã realmente pode não chegar. Eu quero que isso entre bem fundo no seu ser: que chegamos ao fim da estrada – e nada restou exceto dançar e viver a alegria na vida. Para fazer isso *agora*, estou destruindo totalmente o seu amanhã. Estou o tirando da sua mente – que está profundamente envolvida com esses amanhãs. Mesmo que você diga que entende que talvez amanhã o mundo acabe, no fundo sua mente continua dizendo: "Tem havido milhares de guerras, e o mundo tem sobrevivido. Uma guerra a mais não vai fazer muita diferença".

A mente é muito esperta em encontrar desculpas, em achar que uma coisa ou outra vai impedir a destruição. E eu não estou dizendo que a destruição não deva ser impedida. O que estou dizendo é que, na sua mente, não deve haver desculpas para o adiamento – portanto, reúna toda a sua energia no agora; ela não deve se colocar no futuro. E se toda a energia for concentrada nesse ponto, então esse momento pode se tornar o momento da iluminação. A iluminação não é nada senão a sua consciência concentrada em um único ponto: o aqui e agora.

Você está dizendo: "Já basta". Não. Se observarmos a mente humana, nada basta. As pessoas vão continuar vivendo em sua antiga maneira inconsciente, esperando contra a esperança, pois, embora sempre tenha havido pessoas como Jesus e Buda prevendo o fim do mundo, o mundo ainda está aqui. Mas desta vez a situação é totalmente diferente. Eu não estou predizendo o fim do mundo; isso está simplesmente se tornando tão certo, tão logicamente certo, que não parece haver possibilidade de evitá-lo. Mas o meu interesse não é evitá-lo – se puder ser evitado, será evitado. Meu interesse é deixar bem claro que isso pode não ser evitado, que você não tem nenhum futuro no qual investir a sua energia, que você tem de trazer toda a sua energia para o momento presente. E no momento em que toda a energia se tornar um pélago, aqui e agora, a explosão de luz acontecerá e você será, pela primeira vez, absolutamente você mesmo – um ser eterno, um ser imortal, que nada sabe da morte, que nunca se deparou com nenhuma escuridão.

Você está dizendo: "Então vamos fazer isso agora. Vamos dançar". Mas a sua dança tem de ser total – porque você pode dançar e ainda pensar no futuro; você pode dançar e ainda pensar que amanhã estaremos dançando de novo. Dance como se esta fosse a sua última dança. Dance com abandono, sem segurar nada. Isso vai trazer a transformação ao seu ser, e a possibilidade de transformação para outras pessoas também.

Um político está fazendo um discurso e diz: "Caros eleitores, precisamos restaurar o *status quo*". Um homem grita da plateia: "O que significa '*status quo*'?"

O político responde, em um raro impulso de honestidade: "Na verdade, é uma expressão latina para 'o caos em que estamos mergulhados'".

Aparentemente, parece que tudo está indo muito bem, mas no fundo há uma grande desordem nas camadas inconscientes dos seres humanos. Você não está consciente sequer dos seus próprios pesadelos inconscientes, mas a humanidade está sofrendo como nunca sofreu antes. Está inquieta como nunca esteve antes. Ela esqueceu a linguagem do relaxamento, esqueceu a linguagem da intensidade. E todas essas qualidades são necessárias para transformar a sua meditação em uma revolução no seu ser.

Não é uma questão de moralidade, não é uma questão de caráter, não é uma questão de virtude – as religiões estiveram preocupadas com todas essas coisas por milhares de anos, e não foram bem-sucedidas na transformação do homem. É uma abordagem totalmente diferente, uma dimensão diferente: a dimensão da energia e da concentração da energia.

Assim como a energia atômica é a explosão de um pequeno átomo nos elétrons, prótons e nêutrons que o constituem – isto não é visível aos olhos, mas a explosão é tão vasta que pode destruir uma grande cidade como Nagasaki ou Hiroshima –, exatamente paralela é a explosão interna da célula viva. A energia atômica é externa e destrutiva, objetiva e destrutiva. A energia interna, a célula subjetiva do seu ser, tem as mesmas qualidades, o mesmo poder tremendo quando explode – mas ela é criativa. É uma reação em cadeia: uma célula dentro de você explode, e então outras células dentro de você começam a explodir em uma reação em cadeia. Toda a vida se torna um festival de luzes. Cada gesto torna-se uma dança; cada momento se torna alegria pura.

Minha ênfase em que não há futuro não tem nada a ver com escuridão; tem algo a ver com você. Se você desistir completamente da ideia de futuro, sua iluminação se torna imediatamente possível. E é uma boa oportunidade de desistir da ideia de futuro, porque o próprio futuro está desaparecendo. Mas em nenhum canto da sua mente continue a carregar a ideia de que talvez isso também seja um truque. Essas são estratégias da mente para mantê-lo o mesmo velho zumbi.

A mente é esperta. Se você quiser acordar cedo pela manhã, programe um despertador. Ao escutar o alarme... a mente é tão esperta que pode começar a sonhar que você está em uma igreja e que os sinos da igreja estão tocando. O pobre despertador não pode fazer nada além do que está fazendo: a mente criou um sonho e lhe possibilitou continuar a dormir.

As velhas religiões foram basicamente insistentes em uma coisa: o futuro. Você deve observar isso – não só o futuro nesta vida, mas depois da vida; todo o seu programa era usar sua energia como um projeto para garantir uma vida futura, após a morte, no Paraíso, bem, bem distante. Essa estratégia funcionou; levou embora o verdadeiro sumo da vida humana. As pessoas estão simplesmente esperando viver no Paraíso; este lugar, esta terra, tornou-se apenas uma espécie de sala de espera em uma estação onde todos estão esperando a chegada do trem. E o trem nunca chega, e as pessoas continuam consultando a tabela de horários. E elas também não melhoram a sala de espera, porque ela é apenas uma sala de espera. Tenho viajado tanto pela Índia, passado por centenas de salas de espera, e tenho visto como as pessoas se comportam em uma sala de espera diferentemente do que se comportam em uma casa. Elas ficam comendo bananas e jogando cascas de banana por todo o chão – afinal, aquilo é apenas uma sala de espera; elas não vão morar ali. Seu trem vai chegar e elas irão embora. As salas de espera são tão sujas, os banheiros tão insuportáveis, e ninguém se importa em torná-los ainda mais sujos – porque os olhos de todos estão presos no futuro. Eles estão consultando suas tabelas de horário para ver quando seu trem deve chegar, e então irão embora.

Todas as escrituras religiosas dizem que este mundo é apenas uma sala de espera; que o seu verdadeiro lar é bem distante daqui, acima das nuvens. Lá está a vida real; aqui é só uma espera. Estou tentando mudar todo o padrão do pensamento religioso. Estou tentando lhe dizer: *Este* é o seu lar; este exato momento é o seu Paraíso. Tudo vai depender de você. Você não precisa ser virtuoso para dançar totalmente; não precisa ser instruído para dançar totalmente; não precisa ser pio para dançar totalmente. Para dançar totalmente, tudo o que é necessário é que aceitemos a realidade apenas deste momento. Vamos aceitar a realidade do próximo momento quando ele chegar, mas não ficaremos esperando por ele. Todas as religiões têm-lhe ensinado a esperar. Eu o estou ensinando a viver, a amar, a dançar, a cantar – e a não esperar.

Você falou sobre instinto, inteligência e intuição como representantes de três níveis de consciência. Pode lançar alguma luz sobre a política e sobre de que modo ela se ajusta a esses três diferentes níveis?

O mundo da política é basicamente o nível instintivo. Ele pertence à lei da selva: o direito do mais forte. E as pessoas que estão interessadas em política são as mais medíocres. A política não precisa de outras qualificações, exceto uma – ou seja, um profundo sentimento de inferioridade. A política pode ser quase reduzida a uma máxima matemática: política significa vontade de poder.

Friedrich Nietzsche chegou a escrever um livro chamado *Vontade de potência*. Isso é muito importante, porque a vontade de poder se expressa de muitas maneiras. Então você tem de entender por política não só a política que é conhecida por esse nome. Onde quer que alguém esteja tentando exercer um poder, isso é política. Não importa se ela está relacionada ao Estado, ao governo, ou algo do tipo.

Para mim, a palavra *política* é muito mais abrangente do que a maneira em que em geral ela é entendida. Os homens têm tentado por toda a história usar a estratégia política sobre as mulheres: que elas são inferiores a eles. E o homem convenceu até mesmo a própria mulher. Havia razões para que a mulher fosse indefesa e tivesse de ceder a esta feia ideia, que é absolutamente absurda. A mulher não é inferior nem superior ao homem. Eles são duas categorias diferentes de humanidade; não podem ser comparados. A própria comparação é idiota e, se você começar comparando, vai ter problemas.

Por que a mulher tem sido proclamada inferior pelo homem no mundo todo? Porque esta foi a única maneira de mantê-la no cativeiro, de transformá-la em uma escrava. Era mais fácil. Se ela fosse igual, haveria problemas; ela devia ser condicionada à ideia de que é inferior. E as razões apresentadas são que ela tem menos força muscular; sua altura é menor; ela não produziu nenhuma filosofia, nenhuma teologia; ela não fundou nenhuma religião; não tem havido importantes mulheres artistas, musicistas, pintoras. Isso demonstra que ela não tem inteligência suficiente, que ela não é uma intelectual, que ela não está preocupada com os problemas mais elevados da vida; sua preocupação é muito limitada, ela é apenas uma dona de casa.

Escolhendo comparar dessa maneira, você pode facilmente convencer a mulher de que ela é inferior. Mas essa é uma maneira muito sagaz. Há outras coisas também a serem comparadas. Uma mulher pode dar à luz uma criança, um homem não pode. Ele é certamente inferior; não pode se tornar uma mãe. A natureza não lhe deu essa grande responsabilidade, sabendo que ele é inferior; a responsabilidade vai para o superior. A natureza não deu um útero para o homem. Na verdade, sua função na geração de uma criança não é nada além daquela de uma injeção – uma função bastante momentânea. A mãe tem de carregar a criança por nove meses e assumir todas as dificuldades de carregar esse filho. Não é uma tarefa fácil! E então dar à luz a criança... é quase como se alguém enfrentasse a morte. Depois ela é envolvida na criação do filho durante anos juntos – e no passado ela estava continuamente dando à luz. Quanto tempo lhe sobrava para ser uma grande musicista, uma poeta, uma pintora – vocês lhe deram algum tempo para isso? Ela estava constantemente ou grávida ou cuidando dos filhos que havia parido. Estava cuidando da casa para que o homem conseguisse contemplar coisas mais elevadas.

Apenas por um dia, por 24 horas, troquem de trabalho: deixe-a contemplar, criar poesia ou música; e durante 24 horas você cuida das crianças, da cozinha, da casa. Então vai saber quem é superior. Apenas 24 horas serão suficientes para lhe provar que cuidar de tantas crianças é como estar em um hospício. Elas não são tão inocentes quanto parecem. São mais travessas do que você possa imaginar, e fazem todos os tipos de maldade. Não o deixam em paz um único momento; elas querem atenção o tempo todo – talvez essa seja uma necessidade natural. Atenção é alimento.

E ao passar apenas um dia cozinhando a comida da família e dos convidados, você vai saber que em 24 horas experimentou o inferno. Vai se esquecer da ideia de que é superior, porque em 24 horas não pensará sequer por uma fração de segundo em teologia, filosofia, religião.

Pense na questão de outras maneiras: a mulher tem menos força muscular, porque por milhões de anos não lhe foi dado o trabalho que cria músculos. Eu estive visitando uma comunidade aborígene na Índia em que a mulher é musculosa e homem não é. Então, isso não é algo natural, é algo histórico. Porém, durante tanto tempo as mulheres não fizeram trabalho muscular que seus corpos, aos poucos, perderam naturalmente esse desenvolvimento muscular. Mas nessas tribos aborígenes o homem é quase uma dona de casa, e a esposa é realmente o marido, porque ela é quem sai para trabalhar. Ela corta lenha, ela caça em busca de comida, e o homem simplesmente fica sentado, bebe álcool, fica vadiando, cuida dos filhos e da casa. E há séculos ele vem fazendo isso; naturalmente, ele encolheu, perdeu seus músculos. E é estranho observar que, sem a potência muscular, sua altura também diminuiu; a mulher é mais alta.

Quando entrei pela primeira vez em uma dessas tribos aborígenes, não conseguia acreditar no que meus olhos estavam vendo. Nunca pensara que isso fosse algo histórico, que não tivesse nada a ver com a natureza. E por que o homem dessas tribos aborígenes optou por essa condição? Isso também é esperteza – porque essas tribos lhe permitem ter tantas esposas quanto ele queira.

E olhe que coisa bela! Um homem se casa com cinco ou seis esposas e depois simplesmente relaxa, bebe, e as mulheres têm de trabalhar. As mulheres trabalham em todos os tipos de coisas que se supõe serem tarefas de homem. Naturalmente, elas se tornaram mais fortes. E você ficará surpreso em saber que é a mulher que toca os instrumentos musicais, que dança, que tenta criar artefatos bonitos, esculturas. Qualquer coisa bonita que é feita ali, é feita pela mulher. Ela fia e tece as roupas com belas estampas.

O homem não fez nada; por gerações e gerações, ele foi "não criativo" nessas tribos. Ele simplesmente viveu a vida de um beberrão, e como está frequentemente bêbado não consegue sequer cuidar das crianças ou preparar a comida. Então, quando as esposas voltam para casa elas também têm de preparar a comida e cuidar das crianças, buscarem-nas onde quer que estejam – porque o marido está caído no chão. E ele pode se permitir estar caído no chão porque a única coisa boa que fez foi se casar com seis ou sete esposas. Então, o que mais se espera dele? Ele fez o seu trabalho.

A sociedade dessas tribos aborígenes é matriarcal, e os chefes da sociedade são mulheres. Elas têm um comitê para decidir sobre os problemas relacionados às suas vidas. Não são os homens que têm o poder de decisão.

Você também tem de pensar por outros ângulos. A mulher é mais resistente à doença do que o homem. Atualmente, esse é um fato medicamente estabelecido. As mulheres ficam menos doentes que os homens; elas vivem mais que os homens, cinco anos mais. É uma sociedade muito pouco inteligente, esta em que decidimos que o marido deve ser quatro ou cinco anos mais velho que a esposa – apenas para provar que o marido é mais experiente, mais velho, para manter sua superioridade intacta. Isso não é medicamente certo, porque a mulher vai viver cinco anos mais que ele. Se você pensar medicamente, então o marido deveria ser cinco anos mais novo que a esposa, para que eles pudessem morrer ao mesmo tempo, ou quase ao mesmo tempo.

Por um lado, o marido tem de ser quatro ou cinco anos mais velho; por outro, em muitas sociedades a mulher não tem permissão para se casar de novo. É um desenvolvimento recente as mulheres terem permissão para tornar a se casar, e isso, também, apenas nos países mais desenvolvidos. Se não lhe é permitido tornar a se casar, ela vai viver pelo menos dez anos de viuvez. Isso é medicamente doentio – a aritmética não está certa. Por que obrigar uma pobre mulher a suportar dez anos de viuvez? A melhor maneira seria que a esposa fosse cinco anos mais velha que o marido. Isso teria resolvido toda a questão. Eles estariam morrendo quase ao mesmo tempo. Não haveria a necessidade de viúvos e viúvas, e todos os problemas que decorrem disso.

Agora, se você pensar que uma mulher vive cinco anos mais que um homem, então quem é superior? Se ela adoece menos, tem mais resistência, então quem é superior? As mulheres cometem suicídio em um número 50 por cento menor que os homens. A mesma proporção é verdadeira para a loucura: 50 por cento menos mulheres enlouquecem. Mas esses fatos nunca foram considerados. Por quê?

Por que o homem comete suicídio em uma proporção que é o dobro da das mulheres? Parece que ele não tem paciência com a vida. Ele é impaciente demais e também desejoso e expectante demais; e quando as coisas não ocorrem da maneira como ele quer, ele quer acabar com a sua vida. Ele fica frustrado muito rapidamente. Isso demonstra uma fraqueza: ele não tem coragem para enfrentar os problemas da vida. O suicídio é uma atitude covarde. É fugir dos problemas, não é resolvê-los.

A mulher tem mais problemas – seus próprios problemas e os problemas que o homem cria para ela! Ela tem o dobro dos problemas, e ainda assim consegue enfrentá-los corajosamente. E você continua dizendo que ela é mais fraca. Por que o índice de loucura entre os homens é o dobro daquele entre as mulheres? Isso simplesmente mostra que o intelecto dele não é feito de um material forte – ele pode explodir a qualquer momento.

Mas por que se tem continuamente insistido que a mulher é inferior? Isso é política. É um jogo de poder. Se você não consegue se tornar o presidente de um país... isso não é fácil porque há competição demais. Você não consegue se tornar um messias porque isso não é fácil; no momento em que você pensa em se tornar um messias, a crucificação surge em sua mente. Outro dia vi uma propaganda de uma missão cristã buscando novos recrutas, com Jesus pendurado na cruz; o anúncio dizia: "É preciso entranhas para ser um sacerdote". Grande propaganda! E quanto a todos os outros sacerdotes cristãos? Eles não são sacerdotes de verdade, e essa propaganda é prova suficiente disso. Assim tem havido apenas um sacerdote.

E todos esses papas, cardeais e bispos, o que são eles? Estes não são sacerdotes, porque, quando Jesus proclamou suas ideias, a cruz era a resposta. E quando esses papas saem pelo mundo, são saudados com tapetes vermelhos, entusiasmo, recepções impressionantes por parte de presidentes dos países, primeiros-ministros dos países, reis e rainhas. Isso é estranho! Você não deve se comportar mal com papas e bispos – sim, isso é mau comportamento, você está proclamando que eles não são sacerdotes. Em vez disso, crucifiquem-nos! Esse será o único certificado de que eles foram cristãos genuínos. Crucifixe o máximo de padres que puder. Isso não é ideia minha, é ideia deles. Eles é que publicam o anúncio de que "você precisa ter entranhas", com uma imagem de Jesus na cruz.

É tão simples ser um político. Não é necessário estar preocupado só com o governo, o Estado e assuntos relacionados. Qualquer viagem de poder o torna um político. O marido tentando ser superior à esposa – isso é política. A esposa tentando ser superior ao marido... porque a esposa simplesmente não consegue aceitar a ideia. Embora durante milhares de anos ela tenha sido condicionada, encontra maneiras para sabotar isso.

Essa é toda razão pela qual as esposas ficam reclamando, têm ataques, começam a chorar por qualquer razão, fazem drama por qualquer coisa – coisas que você jamais teria imaginado que criassem um drama. Por que tudo isso acontece? Essa é a sua maneira feminina de sabotar sua estratégia política: "Você acha que é superior? Continue pensando que é superior, e vou lhe mostrar quem é superior". E todo marido sabe quem é superior; e mesmo assim ele continua tentando ser superior. Pelo menos fora de casa ele se apruma, endireita a gravata, sorri e vai em frente como se tudo estivesse bem.

Em uma pequena escola, a professora perguntou aos alunos: "Vocês podem me dizer o que entra como um leão e sai como um cordeiro?" Uma criança ergueu a mão. A professora perguntou: "Então, qual é a sua resposta?" Ele disse: "Meu pai".

As crianças são muito observadoras. Elas estão sempre observando o que está acontecendo. O pai vai para casa no fim do dia quase como um leão, mas dentro de casa, e até ele sair de novo, é apenas um cordeiro. Todo marido é controlado pela esposa. Não há outra categoria de maridos. Mas por quê? Por que surgiu essa situação feia? Há uma forma masculina de política e há uma forma feminina de política – mas ambas estão tentando sobrepujar a outra.

Em todas as outras áreas também acontece isso. Por exemplo, na universidade. O auxiliar de ensino quer ser professor assistente, o professor assistente quer ser professor titular, o professor titular quer ser reitor, o reitor quer ser vice-presidente – há uma constante luta pelo poder. Pelo menos se pensaria que não deveria ser assim em educação. Mas ninguém está interessado na educação; todos estão interessados no poder.

Na religião é a mesma coisa: o bispo quer ser cardeal, o cardeal quer ser papa. Todos estão em uma escada tentando subir mais alto, e outros estão puxando suas pernas para tentar trazê-lo para baixo, enquanto aqueles que estão mais alto estão tentando empurrá-lo para baixo para que você não consiga atingir o nível deles. O mesmo está sendo feito com todos em cada degrau da escada: alguns estão puxando suas pernas; outros os estão chutando e batendo para manter os outros no nível mais baixo possível. Toda a escada, se você a vir apenas como um observador, é um circo! E isso está acontecendo em toda parte, em todo lugar.

Para mim, política significa um esforço para você se provar superior. Mas por quê? Porque você, no fundo, se sente inferior. E o homem de instinto é levado a se sentir inferior – ele *é* inferior. Não se trata de um "complexo de inferioridade"; é um fato, uma realidade – ele *é* inferior. Viver a vida por instinto é viver no nível de vida mais inferior possível.

Se você entende o esforço, a luta para ser superior, e sai da briga – você simplesmente diz: "Eu sou eu mesmo, nem superior nem inferior..." Se fica de fora e observa todo o show, você entrou no segundo mundo, no mundo da inteligência e da consciência.

É apenas uma questão de entender toda situação podre em que todos são capturados. Você tem apenas de observar com um pouco de paciência toda a situação: "O que está acontecendo? E mesmo que eu atinja o degrau mais alto da escada, o que isso importa? Estarei apenas pendurado no céu parecendo um tolo. Não há mais outro lugar para ir".

É claro que você não pode descer porque as pessoas vão começar a zombar de você: "Para onde você vai? O que aconteceu? Você foi derrotado?" Você não pode descer e não pode ir para nenhum outro lugar porque não há degrau mais alto para subir, e então fica pendurado no céu fingindo que já chegou, que encontrou o objetivo da vida. E você sabe que não encontrou nada! Você foi simplesmente um tolo e toda a sua vida foi desperdiçada. Agora não há mais degrau para subir; e se descer todos vão rir de você.

Assim, qualquer um que se torna presidente ou primeiro-ministro de um país – sua única prece, no fundo, é que morra em seu posto. Porque ele não pode mais descer – isso seria insultante, humilhante. E não há mais para onde subir. Ele está encurralado; só a morte pode libertá-lo do seu dilema.

Um dos principais ministros de Madhya Pradesh era muito amigável comigo. Eu era muito jovem, mas ele gostava de mim e gostava de discutir coisas comigo. Eu lhe disse muitas vezes: "Você deve discutir com as pessoas que são capazes de entender a política. Eu não entendo de política".

Ele dizia: "É por isso que eu discuto com você – porque não posso dizer estas coisas para mais ninguém. Só posso dizê-las para você porque você não vai contá-las para ninguém – na verdade, não vai conseguir descobrir qual é o problema. Mas só de falar com você eu me sinto aliviado".

Eu respondi: "Está bem, se você se sente aliviado, estou pronto para escutar". E este era o problema fundamental que surgia repetidamente: "A única coisa que eu espero é morrer como chanceler. Não quero morrer aposentado".

Eu lhe perguntei: "Mas qual é o encanto de morrer enquanto ainda está no seu cargo? Você pode relaxar, pode se aposentar – já está bem velho".

Ele disse: "Nunca sugira isso, porque, se eu ficar sem poder, isto será uma humilhação. No momento em que você perde o poder, todos se esquecem de você. Eu quero morrer com todas as honras de um chanceler; com as homenagens do exército, do governo, da política – todas as honras cabíveis".

Ele foi chanceler de Madhya Pradesh e permaneceu no cargo até o fim. Morreu enquanto ainda era chanceler, e estava muito feliz.

Um dia antes de sua morte, fui visitá-lo e lhe perguntei: "Como está se sentindo?"

Ele disse: "Estou me sentindo muito bem porque parece que a minha hora chegou e eu ainda estou no meu cargo".

Isso me parece triste. Esse homem durante toda a sua vida lutou para ser chanceler. Ele era apenas um professor secundário. Foi um longo caminho de professor secundário até superar todos os políticos – e todos eles eram grandes políticos, astutos, inteligentes, tentando de todas as maneiras impedi-lo de subir. Mas ele estava determinado, e finalmente conseguiu. Mas desperdiçou toda a sua vida apenas para receber uma grande homenagem, com uma parada militar e 21 tiros, e um luto de sete dias em todo o Estado. Todas as bandeiras ficaram a meio mastro durante sete dias em sua homenagem. Mas que importância tinha isso? O homem estava morto! Quer ele fosse jogado em um caminhão de lixo ou recebesse tudo isso, não fazia diferença. Mas ele viveu e morreu apenas para receber essa homenagem do exército.

Se você observar bem, vai ficar simplesmente surpreso; deve haver algo louco na mente do homem que lhe proporciona um ímpeto contínuo para subir cada vez mais alto.

Eu sei com certeza que o homem que chegou pela primeira vez ao topo do Everest não é um homem conhecido no mundo todo. O homem que realmente chegou até lá pela primeira vez o mundo dificilmente conhece, porque ele era apenas um criado. Seu nome era Tensing; ele era nepalês, um homem pobre. Ele o atingiu pela primeira vez... porque aquele era um lugar muito perigoso. Centenas de pessoas morreram no transcorrer dos anos simplesmente tentando atingir o topo do Everest. É claro que o homem que fez os arranjos e investiu dinheiro nisso não assumiria o risco de ser o primeiro, porque o Everest é apenas um pico. Só uma pessoa pode ficar de pé ali e, mesmo esta, não pode ficar ali por muito tempo, porque o vento é muito forte e a altura é imensa.

Mas o pobre criado tentou primeiro, e quando viu que era seguro, voltou. Então o grande explorador, e o "primeiro" homem a atingir o topo do Everest, Edmund Hillary, ficou de pé ali, pronto para posar para uma foto. E colocou ali as bandeiras da Grã-Bretanha, da Índia e do Nepal, porque os três países estavam envolvidos. Então deixou ali três bandeiras, mas ele próprio não ficou ali mais que dez minutos; ficar ali por mais tempo era perigoso.

Mas o pobre homem que realmente o atingiu primeiro, a história dificilmente o mencionará. E é claro que Hillary lhe deu dinheiro suficiente para manter sua boca fechada. Abriu um grande instituto e nomeou Tensing como diretor do instituto para treinar pessoas para subir montanhas, a arte do montanhismo. Mas essas coisas não conseguem ser escondidas – por que não era só Tensing que estava lá; havia pelo menos outros 50 criados também carregando todo tipo de equipamento, barracas, alimentos, roupas. Todos viram quem o alcançou primeiro. Todos foram subornados, mas, quando 50 pessoas testemunham uma coisa desse tipo, é muito improvável que o boato não se espalhe.

Eu conheci uma das pessoas que fez parte do grupo, e ela me disse: "Esta é a verdade – mas nós somos pessoas pobres, e somos apenas criados". E prosseguiu: "É como quando dois exércitos lutam e os soldados matam uns aos outros: um lado vence, o outro é derrotado, mas o nome do vencedor é sempre o do comandante que na verdade nunca luta, que permanece bem atrás dos soldados, mantendo a distância suficiente de forma que, em qualquer situação perigosa, ele seja o primeiro a sair do lugar perigoso. Quando acontece a vitória, ele recebe medalhas e tudo mais. Mas é assim que o mundo funciona". Ele disse: "Somos pessoas pobres e não temos que nos queixar, porque ele nos deu bastante dinheiro".

O homem está continuamente tentando de todas as maneiras possíveis estar em um lugar mais elevado, especial, superior – mas isso é tudo política. E, em minha opinião, só as pessoas medíocres estão interessadas nisso. As pessoas inteligentes têm algo mais importante a fazer. A inteligência não pode ser desperdiçada lutando com uma política de terceira classe, uma política feia, uma política suja. Só as pessoas de terceira classe se tornam presidentes, primeiros-ministros. Uma pessoa inteligente não vai ser distraída por um deserto que não conduz a parte alguma, nem sequer a um oásis.

Assim, no nível instintivo, política é apenas "o direito do mais forte" – a lei da selva. Adolf Hitler, Joseph Stálin, Mussolini, Bonaparte, Alexandre, Tamerlane – todas essas pessoas parecem mais lobos selvagens do que seres humanos.

Se queremos uma verdadeira humanidade no mundo, devemos riscar completamente o nome dessas pessoas. Devemos esquecer que essas pessoas existiram; elas foram apenas pesadelos. Mas, estranhamente, toda a história está repleta dessas pessoas.

Assisti à aula de história na faculdade apenas um dia. Quando tive de preencher o formulário para minhas aulas, o diretor perguntou: "Que matérias você quer estudar? Você pode escolher quatro". Eu disse: "Vou preencher o formulário, vou assiná-lo e depositar a taxa, mas gostaria, antes, de ter uma amostra de todos os professores que estão ensinando – porque, para mim, o professor é mais importante do que a matéria que ele ensina. Além disso, quero me familiarizar um pouco com as matérias que essas pessoas estão ensinando".

Ele disse: "Isso é algo sem precedentes. Este formulário é um documento que você tem de preencher antecipadamente, quando você ingressa na faculdade".

Eu disse: "O senhor terá de fazer uma exceção; do contrário, estou pronto para me apresentar diante do comitê que dirige a faculdade para convencê-los. Como posso escolher matérias que eu não conheço? Eu não quero muito – apenas uma pequena amostra aqui e ali de todas as matérias disponíveis. Quero apenas duas semanas de experiência: vou circular por toda a faculdade e por todas as classes disponíveis – terei uma pequena amostra das matérias, dos alunos, do professor, e então preencho os formulários".

Ele disse: "Está bem, mas, por favor, não divulgue isso. Não diga nada a ninguém, porque eu acho que você convenceria o comitê, e então esta ideia iria se disseminar para os outros alunos".

Eu disse: "É óbvio, porque mesmo que uma pessoa entre no mercado para comprar uma panela de barro comum, ela vai a algumas lojas, dá uma batidinha na panela e a sente". Na Índia, naquela época se pagava apenas um ou dois *pennies* por uma bela panela de barro, mas ainda assim você checava se ela tinha ou não um buraquinho. Se tivesse um buraquinho, fazia um determinado som; se houvesse alguma rachadura, tinha um som diferente. Ela é realmente perfeita quando faz um som musical. "Mesmo quando estão em busca de uma panela de barro de dois *paisas*, as pessoas circulam por todo o mercado – e eu vou decidir sobre quatro anos da minha vida! O senhor quer que eu preencha os formulários sem saber o que estou fazendo?"

O diretor disse: "Está bem, vou mantê-lo no meu arquivo. Você fica duas semanas assistindo às aulas, mas não crie nenhum problema, porque, se eu for pego com este formulário não preenchido, eu é que terei problemas".

Eu disse: "Não se preocupe".

A primeira aula a que assisti foi a de história, porque acidentalmente foi a primeira sala de aula que vi quando entrei no prédio. Então, eu disse: "Muito bem, vamos começar com história".

O professor estava apresentando uma introdução geral, e as únicas pessoas sobre as quais ele estava falando eram estes idiotas: Nadir Shah, Tamerlane, Genghis Khan, Babur, Humayun, Aurangzeb, todos invasores da Índia.

Eu lhe perguntei: "O senhor está nos ensinando ou está simplesmente nos recordando de que nascemos para ser escravos? Está nos ensinando história ou está simplesmente nos lembrando de que temos sido escravos há milhares de anos e sempre seremos escravos, obviamente porque mesmo um país tão grande foi conquistado por pequenos exércitos, bárbaros e incivilizados".

Eu lhe disse: "Se o senhor tem algum senso de dignidade, por favor pare com toda essa bobagem. O senhor não pode encontrar algo que dê dignidade ao homem, que faça com que ele sinta que o passado não foi apenas tão idiota e estúpido? Que há algo no passado que o faça sentir que herdou algo de beleza, de grandeza, e o faça ter esperança com relação ao futuro?"

Ele disse: "Você veio aqui para mudar todo o currículo de história?"

Eu disse: "Totalmente, porque só assim eu posso estudar aqui. Vim apenas para checar se vale a pena estar aqui. Porque todos esses pesadelos... O que eu tenho a ver com Nadir Shah? E por que eu iria querer saber a respeito dele? Há coisas bem mais bonitas que isso. O senhor não pode falar sobre Buda, Bodhidharma, Nagarjuna, Shankara, Parshwanath, Mahavira, Vasubandhu? Não pode falar sobre estas pessoas?"

Ele disse: "Meu Deus! Eu nunca ouvi falar nesses nomes! Vasubandhu? Eu tenho doutorado, um diploma de história, mas Vasubandhu? Nunca ouvi esse nome!"

Eu disse: "Então venha cá e sente-se aqui. Vou lhe ensinar algo sobre Vasubandhu. E este não é o único nome que o senhor não conhece. Vou lhe falar sobre alguns outros nomes que o senhor também não conhece. Conhece Dharmakirti? Conhece Chandrakirti?"

Ele disse: "Não. Você está inventando esses nomes?"

Eu disse: "Não os estou inventando – estas são pessoas reais. Mas não estão nem em suas notas de rodapé porque elas nunca mataram ninguém, nunca invadiram nenhum país, nunca construíram nenhum império. Nunca massacraram pessoas, nunca abateram pessoas, nunca violentaram mulheres, nunca queimaram ninguém vivo.

O que é história? Apenas recortes de jornais dos tempos antigos. Se uma pessoa ajuda alguém, nenhum jornal vai publicar a história; mas se ela matar alguém, todos os jornais estarão repletos dela. O que é a sua história, senão a apresentação dessas pessoas que foram uma perturbação, que deixaram feridas na consciência humana? É isso que vocês chamam de história?

Eu disse: "Se isso é história, então não é para mim, porque eu tenho uma dimensão diferente da história. O que o senhor está ensinando é, na verdade, a história da política. O senhor deve mudar o nome da sua matéria. Isso não é história, é história da política. E o que eu estou lhe falando é sobre a história da inteligência humana, e fundamentalmente a história da iluminação humana".

Ele ficou simplesmente em choque. Então, disse à classe: "Agora eu não estou em posição de dizer nada. Primeiro tenho de falar com o diretor sobre este rapaz".

Eu disse: "Não há necessidade de ir falar com o diretor – eu já estive com ele; ele sabe o que estou fazendo. E não vou mais voltar aqui; portanto, não precisa ficar preocupado; continue ensinando sobre todos esses idiotas. O senhor só tem esse lixo em sua mente. É muito estranho que as verdadeiras flores da inteligência não tenham sido sequer mencionadas".

Foi muito difícil para mim encontrar coisas sobre essas pessoas. Tive de passar muito tempo procurando em muitas bibliotecas, tentando descobrir algo mais sobre essas pessoas que foram realmente os criadores; eles haviam estabelecido as bases. Mas nós só conhecemos um tipo de mundo, o mundo onde o direito é do mais forte.

Não – no segundo nível, o direito é o que é certo. A inteligência acredita em encontrar o que é certo.

Não há necessidade de lutar com espadas ou bombas e matar uns aos outros, porque o poder não prova que nada está certo. Você acha que se Muhammad Ali lutasse boxe com o Buda Gautama... – é claro que Muhammad Ali sairia vencedor no primeiro *round*; não haveria um segundo *round*. O primeiro golpe seria suficiente; o pobre Buda seria esmagado! E, vendo a situação, ele mesmo começaria a contagem: um, dois, três, quatro, cinco, seis, sete, oito, nove, dez. Ele não iria esperar o juiz iniciar a contagem. Não iria se mover do chão; deitado no chão ele iria contar até dez e dizer: "A luta terminou – você é o vencedor".

Mas o poder não prova que você está certo. Isso funciona perfeitamente bem no mundo dos animais e no mundo do instinto. A inteligência inverte todo o relacionamento. Estar certo é o poder – e o certo tem de ser decidido pela inteligência, pela lógica, pela razão, pelo argumento.

Era isso que Sócrates estava fazendo em Atenas quando foi levado ao tribunal. Ele estava pronto para responder a qualquer pergunta que os jurados e os juízes quisessem fazer. Ele lhes perguntou: "Quais são meus crimes? Comecem me dizendo quais são eles, um por um – estou pronto para responder às acusações". Eles sabiam que era impossível argumentar com aquele homem. Mas acusando-o de crimes vagos... eles acharam que talvez Sócrates não pudesse reagir a estes. E, mesmo que o fizesse, os jurados não ficariam convencidos, porque isso iria contra todo o seu condicionamento.

A primeira coisa que disseram a Sócrates foi: "O maior crime que você cometeu é estar corrompendo a mente dos jovens".

Sócrates disse: "Isso é verdade, mas isso não é crime. E o que o senhor chama de corrupção, eu chamo de criação. O senhor corrompeu a mente dessas pessoas; agora eu tenho de destruir essa corrupção. E, se o senhor está certo, então por que não abre uma escola, uma academia, assim como eu abri a minha escola e a minha academia? Então as pessoas podem escolher, e irão para aquela que for a certa para elas".

Quando Sócrates abriu sua escola, quase todas as escolas de Atenas esvaziaram, porque, quando um homem como Sócrates está ensinando, quem pode competir com ele? Na verdade, todos os professores que estavam dirigindo escolas tornaram-se alunos de Sócrates. Ele era um verdadeiro mestre.

Sócrates disse: "Os senhores me apresentem um único jovem que esteja sendo corrompido por mim... E expliquem – o que entendem por corrupção?"

Eles disseram: "Você ensina que não há Deus ou deuses".

Ele disse: "Sim – porque não há Deus, não há deuses. O que posso fazer sobre isso? Não é responsabilidade minha. Se Deus não existe, o senhor está corrompendo a mente dos jovens ou sou eu que estou corrompendo a mente dos jovens? Estou simplesmente lhes dizendo a verdade. O senhor acha que a verdade pode corromper a mente dos jovens?"

O debate continuou durante dias. Finalmente, os juízes decidiram: "No que diz respeito à inteligência, ele calou todos vocês" – um único homem sozinho contra toda a sociedade medíocre de Atenas. "Então não vamos discutir mais. Vamos simplesmente solicitar uma votação."

Sócrates disse: "Uma votação não pode provar o que está certo e o que está errado. Na verdade, a maior possibilidade é que as pessoas votem a favor do que está errado, porque a maioria consiste de pessoas medíocres".

Sócrates estava tentando estabelecer que o certo deve ser decidido pela inteligência. Foi ela que criou toda a evolução da ciência. Sócrates deve ser conhecido como o pai de toda ciência, porque na ciência não há a questão de ser poderoso, e por isso você está certo. Qualquer um pode provar estar certo; o quão poderoso você é não importa. A questão tem de ser decidida pela lógica, pela razão – no laboratório, com experimentos e experiência.

Então, no segundo nível da consciência, a política é uma questão totalmente diferente. A Índia esteve durante dois mil anos na escravidão – por muitas razões, mas uma das razões e a razão mais fundamental é que todas as pessoas inteligentes da Índia viraram as costas para a política do nível inferior, instintivo. Todas as pessoas inteligentes simplesmente não estavam interessadas em política ou em poder. Todo o seu interesse era decidir o que é a verdade, qual é o significado da vida, por que estamos aqui.

Na época do Buda Gautama, talvez no mundo todo, o segundo nível de consciência chegou ao seu pico mais alto. Na China havia Confúcio, Lao Tze, Mencius, Chuang Tzu, Lieh Tzu – estes eram os contemporâneos, pessoas da mesma qualidade. Na Índia estavam Buda, Mahavira, Makhkhali Ghosal, Ajit Keshkambal, Sanjay Vilethiputta – todos gigantes superpoderosos. Na Grécia estavam Sócrates, Platão, Aristóteles, Plotino, Heráclito, Pitágoras – todos atingiram o verdadeiro pico da inteligência. Em todo o mundo, de repente, foi como se chegasse uma onda de inteligência. Só os idiotas continuavam lutando; todas as pessoas inteligentes estavam mergulhando fundo para descobrir maneiras de decidir o que é certo e o que é errado.

Na Índia havia uma tradição de todo filósofo viajar pelo país inteiro desafiando outros. O desafio não era hostil – vocês têm de entender isso. No segundo nível não há inimigo; os dois desafiantes são buscadores. É um fenômeno amigável, não uma luta; ambos querem que a verdade vença. Nenhum deles está tentando vencer o outro. Essa não é absolutamente a questão.

Quando Shankara iniciou sua discussão com Mandan Mishra, tocou os pés dele e pediu sua bênção e que a verdade vencesse. Ora, tocar os pés do seu inimigo – o que isso mostra? Não é uma questão de derrotar a pessoa; ele é velho e respeitado em todo o país. Shankara é apenas um jovem de 30 anos de idade; Mandan Mishra é da idade de seu avô. Shankara toca os pés de Mandan Mishra porque não se trata de derrotá-lo; e ele pede sua bênção, não porque ele deva ser o vencedor, mas porque a verdade deve vencer. E a verdade não é propriedade de ninguém.

Isso estava acontecendo no país todo. E tantos grandes intelectuais nasceram que, mesmo hoje, não conseguimos encontrar essa qualidade, essa perspicácia – pela simples razão de que hoje todos os intelectuais se moveram na direção da ciência. A filosofia está deserta. Naquela época, todas aquelas pessoas estavam no mundo da filosofia.

Mas você tem de se lembrar que se trata de uma luta, mas não mais uma querela pessoal – não um desejo de se provar superior, mas uma investigação para encontrar a verdade.

Toda a ênfase muda: trata-se da vitória da verdade. O famoso ditado da história da filosofia indiana é *Satyameva jayate* – "A verdade deve vencer, não importa quem seja derrotado". Isso não emerge de um complexo de inferioridade, mas se origina de uma inteligência realmente superior.

A tradição foi para a China, para o Japão e se disseminou também para outros campos. Por isso, se vocês virem dois boxeadores japoneses, lutadores de aikidô ou jiu-jítsu, ou lutadores de judô, ficarão surpresos – primeiro eles se inclinam um diante do outro com um enorme respeito. Não é uma questão de inimizade. Esse é um dos ensinamentos do judô e de todas as artes marciais no Japão, que, quando você está lutando com alguém, isso não é uma questão de inimizade pessoal. Se for pessoal, você já está pronto para ser derrotado, porque essa atitude é baseada no ego – você está caindo no nível inferior, instintivo.

Na arte do judô, quem prova que a arte do judô é superior é o vencedor. Não é a pessoa, é a arte que vence. Assim como na filosofia é a verdade que vence, é a arte que vence. Nem por um único momento você deve pensar em si mesmo e na sua vitória, porque esse será o momento da sua derrota.

E isso tem acontecido muitas vezes – o que ninguém consegue entender, exceto alguém que tenha entendido toda a tradição do estilo oriental. Às vezes há dois lutadores igualmente não egoístas; então ninguém vence. A luta continua durante dias, o fim vai sendo adiado, mas ninguém vence. Todos os dias eles chegam e se inclinam um diante do outro – com grande alegria, com grande respeito. Na verdade, eles se sentem honrados com a presença da pessoa, por que não se trata de uma pessoa qualquer; só o fato de lutar com ela é honra suficiente. E a luta continua.

Finalmente, os juízes têm de dizer: "Ninguém pode vencer porque ambos são igualmente desprovidos de ego – ninguém consegue encontrar a maneira de derrotar o outro". O ego é a brecha. O ego é uma espécie de sono em que a pessoa pode ser derrotada. Por um momento um pensamento pode invadi-la, e esse é o seu fim. A arte do judô, do jiu-jítsu, do aikidô – todas são similares, com apenas pequenas diferenças, sutilezas, mas o princípio básico é o mesmo. E o princípio básico é que, quando a pessoa está lutando, não deve estar ali, mas estar totalmente ausente; assim nenhuma espada pode cortá-lo. E se você vir dois esgrimistas lutando, ficará simplesmente impressionado...

Um de meus amigos – ele se tornou meu amigo depois que voltei do Japão – foi capturado na Segunda Guerra Mundial. Ele era do exército britânico, um coronel. Era um *sikh*, um *sardar*; seu nome era Chanchal Singh. Foi capturado pelos japoneses como prisioneiro de guerra. E então um dos revolucionários indianos, Subhash Chandra, entrou por meio de Adolf Hitler na Alemanha, depois foi para o Japão, e por uma recomendação de Adolf Hitler o Japão permitiu que todos os prisioneiros de guerra indianos fossem treinados por Subhash para lutar contra o exército britânico.

Os japoneses acharam que aquela era uma boa ideia; do contrário, aqueles prisioneiros indianos seriam uma carga desnecessária. Subhash estava lutando pela liberdade do seu país, e por isso seria capaz de facilmente convencer os prisioneiros indianos. Para eles também era bom. Em primeiro lugar, quem não gostaria de lutar por seu próprio país? Em segundo lugar, isso era melhor do que ser um prisioneiro. E havia também uma chance de fugir!

Subhash os treinou em todas as artes marciais. Depois da guerra, quando os prisioneiros foram libertados, Chanchal Singh voltou. Eu estava simplesmente sentado em um hotel com um amigo, discutindo sobre a liberdade do país, e estava dizendo ao amigo: "A simples expulsão dos britânicos não significa automaticamente a liberdade. A liberdade é um conceito positivo. Você pode expulsar os britânicos, mas, se a sua mente continuar sendo a mente de um escravo, então com qualquer um que governe – pode ser indiano – você não será livre. Sim, os mandantes vão mudar: os de pele branca se vão e os de pele escura entrarão em seu lugar. Mas você acha que pela simples mudança da cor da pele a escravidão pode se transformar em liberdade? A liberdade precisa de alguma mudança positiva e da transformação da mente. Se você tiver a mente de um escravo, você será um escravo; não fará diferença quem estiver no trono".

E eu ainda sustento esse argumento, porque décadas se passaram e a Índia ainda é escrava, mais do que nunca. Pelo menos quando ela estava sob o Raj britânico havia uma possibilidade de lançar a responsabilidade sobre os britânicos e dizer que eles eram os responsáveis. Agora eles não têm sequer essa desculpa.

Outro dia, chegou até mim a informação de algo que só pode acontecer em um país cuja mente se tornou tão acostumada à escravidão que, não importa o que você faça, ela não consegue se aceitar como livre. A informação foi que um caminhão carregado de arquivos secretos do governo indiano havia sido capturado atravessando a fronteira do país e se dirigindo para outro país – com todos os arquivos secretos! O motorista era indiano, a escolta era indiana, e o caminhão pertencia a um grande industrial. Quando o caminhão foi capturado, esse industrial foi preso, depois quase uma dúzia de pessoas também foi presa, e descobriu-se que talvez este fosse o último caminhão entre muitos que já haviam saído antes. Era duvidoso que a Índia ainda tivesse consigo alguns de seus segredos.

Isso nunca aconteceu na história. Todos os segredos estavam sendo vendidos por indianos! Nenhum agente de outros países estava por trás disso, com a iniciativa. Eles foram contatados por indianos – a escravidão e sua mente! – que lhes indagaram: "Vocês querem o arquivo secreto sobre a usina nuclear que a Índia está montando?" E a informação sobre uma usina que valia 50 milhões foi vendida por 50 dólares – todo o arquivo secreto, todo o plano, as plantas do lugar, tudo. Um detetive particular francês estava comprando todas as informações. Ele não tinha nada contra a Índia, mas se esses segredos estavam sendo oferecidos tão barato, valia a pena reuni-los; em algum momento ele poderia encontrar uma oportunidade de ganhar milhões. Se a Índia entrasse em guerra contra a China, a China estaria pronta a pagar qualquer coisa por esses segredos. Se o Paquistão entrasse em guerra contra a Índia, o Paquistão estaria pronto para pagar qualquer coisa: independentemente de quanto você pedisse pela informação, você receberia.

A Rússia tenta enviar espiões para os Estados Unidos, e os Estados Unidos enviam espiões para a Índia... Também não é uma tarefa fácil encontrar segredos. Mas um agente francês anunciou aos meios de informação que "esta tarde algo foi decidido por Indira Gandhi e à noite isso estava em minhas mãos – em três horas, quatro no máximo". Qualquer segredo que fosse discutido no gabinete de Indira estaria nas mãos dele dentro de três horas.

Assim, não se trata apenas de um industrial e de algumas outras pessoas, mas de ministros de Estado, dos níveis mais elevados do governo... porque alguns segredos só eram discutidos entre os três principais ministros de Estado e a presidente. Só quatro pessoas os conheciam. Mas eles estariam sendo vendidos no mercado aberto em toda parte. Então, quem estava traindo quem? E que tipo de pessoas são essas? A escravidão tornou-se parte do seu sangue. Elas precisam de uma completa mudança, de transfusão de novo sangue. Precisam de uma mente nova.

Eu estava discutindo essa escravidão com um amigo, e aquele *sardar* também estava escutando; enquanto tomava chá, ele estava escutando. Finalmente, não conseguiu resistir à tentação, se aproximou de nós e perguntou: "Posso me sentar aqui? – porque essa discussão está realmente interessante. Se permitirem que eu me sente... E permitam que me apresente, porque tenho sido um lutador pela liberdade. Estive em prisões japonesas e prisões britânicas – primeiro fui major do exército britânico. E acabei de ser solto porque o governo britânico deixou o país; todos os prisioneiros foram soltos. Estou procurando emprego, algum trabalho, pois não sei fazer nada exceto lutar. Mas conheço artes marciais japonesas. Talvez vocês possam me ajudar; eu poderia abrir uma escola para ensinar artes marciais". Ele se tornou um amigo. Conseguimos abrir uma escola para ele, e ele ficou realmente envolvido nela. E costumava nos mostrar pequenas coisas de vez em quando, apenas como entretenimento. Ele disse: "No Japão eles têm treinamento de voz. Se alguém o ataca com uma espada e você não tem nenhuma arma, você simplesmente emite um determinado som e a espada cairá da mão do seu oponente".

Eu disse: "Isso parece realmente incrível! Eu gostaria de ver. Tenho um amigo lutador e posso entrar em contato com ele para testarmos o experimento. Ele não sabe nada sobre espadas, mas pode lutar com um bastão. E isso é bom, porque se ele lutar com uma espada e você falhar ou algo der errado, ele cortará a sua cabeça e eu estarei desnecessariamente com um problema. Você terá ido embora, mas eu estarei desnecessariamente em dificuldade. Assim, é melhor experimentar com um bastão grande".

Chanchal Singh concordou, e então encontrei o lutador e lhe falei sobre aquilo. Ele disse: "Não há problema. Eu abrirei ao meio a cabeça desse *sardar*; um só golpe será o bastante". Ele era um homem forte, mas quando foi bater em Chanchal Singh – assim que ergueu a mão para atingir Chanchal Singh –, este deu um grito e o bastão caiu da mão do lutador como se o seu coração tivesse parado de bater! Sua mão perdeu todo o poder – apenas pelo som!

Eu lhe perguntei: "Como você emite esse som? – porque parece não ser nada especial; algo que poderia ser aprendido muito facilmente".

Chanchal Singh disse: "O som pode ser aprendido muito facilmente; o fundamental que está por trás disso é que você não deve estar ali. Isso é que é difícil. Eu estive no Japão durante todos esses anos, e tudo a respeito das artes marciais é bastante simples. Só isso é problemático — que você não deve estar ali. E quando alguém vai partir o seu crânio em dois, nesse momento você é absolutamente necessário ali!"

Mesmo em tal momento você não deve estar ali — somente o som, sem ego por trás dele. De repente, o homem que o ataca vai esquecer o que está fazendo; vai ficar completamente perdido. Até mesmo a memória falha por um momento. Ele não tem consciência do que está acontecendo, do que estava fazendo. Vai requerer um tempo para se recuperar. Apenas seu ego tem de estar ausente. Essa ausência cria certa mudança na mente da pessoa, um certo tipo de corte, uma parada súbita.

Mas se as duas pessoas forem desprovidas de ego, isso é muito difícil. Sabe-se que uma coisa estranha acontece no Japão, uma coisa quase cotidiana: antes de você pegar sua espada para atingir o outro homem, a espada do outro homem já está pronta para a defesa. Ela não é erguida depois do seu movimento, mas antes de você ter sequer pensado no movimento. É como se, naquela fração de segundo em que você pensa no movimento, antes que a sua mão faça o movimento, o pensamento já chegou até ele e o homem está pronto para se defender. Isso também só acontece se você estiver ausente. Então, a espada não está separada de você. Você não está fazendo nada; está simplesmente ali, ausente, esperando que as coisas aconteçam. Mas se ambos forem desprovidos de ego isso pode durar dias. Ninguém consegue atingir ou mesmo arranhar o outro.

Este não é o nível comum e instintivo do poder. Você passou para um nível mais elevado, mais elevado ainda que o segundo; você passou para o terceiro nível, o intuitivo. Assim, da mesma forma que isso pode acontecer com espadas, com boxe ou com lutas ao estilo oriental, o mesmo pode acontecer com a inteligência no terceiro plano. Um dos meus professores sobre o qual eu já lhes falei... Eu amei apenas dois professores em toda a minha carreira. Perturbei muitos, e também não poupei esses dois, mas eu os amei. Sobre um deles, o Dr. S.K. Saxena, já lhes disse alguma coisa. O outro foi o professor S.S. Roy. Ele fez sua tese de doutorado sobre Shankara e Bradley – um estudo comparativo. Presenteou-me com sua primeira cópia. Eu disse: "Isto não parece bom: sou seu aluno e você está me presenteando com a primeira cópia da sua tese, assim que ela acaba de sair da gráfica!"

Ele disse: "Na minha opinião, você a merece".

Eu disse: "Mas na minha opinião toda a sua tese é... até mesmo o título está errado, porque você está comparando dois homens de dois níveis diferentes! Bradley é um intelectual, um grande intelectual... Ele dominou, na primeira parte deste século, todo o mundo da filosofia. Foi o mais importante dos intelectuais. Shankara não é nenhum intelectual. É certo que ambos chegaram a conclusões similares; por isso você os comparou; você viu que as conclusões são similares. Mas não viu que eles chegaram a conclusões similares por trajetórias diferentes. E essa é a minha objeção – porque Bradley simplesmente chegou a essas conclusões por meio da lógica, enquanto Shankara chegou a essas conclusões por meio da experiência. Shankara não está argumentando sobre elas como um filósofo. Ele também argumenta como um filósofo, mas isso é secundário. Ele vivenciou uma verdade. Agora, para expressar essa verdade, ele usa lógica, razão, intelecto. Bradley não tem a experiência, e admite não ter a experiência, mas intelectualmente descobre que essas conclusões são as mais sustentáveis, as mais válidas".

Então eu disse ao professor Roy: "Se quer a minha opinião, o senhor comparou duas pessoas totalmente diferentes, que não são comparáveis".

Ele disse: "Por isso eu lhe dei a minha primeira cópia. Sei que se alguém pode chegar a pensar sobre minha tese, entrar profundamente nela, essa pessoa é você. Vou apresentar este livro ao reitor, ao chefe do departamento e a todos os meus amigos, mas não tenho nenhuma esperança de que qualquer um deles vá objetar apenas vendo o título".

Eu disse: "Você deve revisar o trabalho todo, porque eu o lerei, e vão surgir cento e uma questões. Assim, percorra-o de novo. Você deve ter se esquecido de alguns pontos, porque está trabalhando na tese há cinco ou seis anos".

E, de fato, havia outros pontos, mas era o fundamental que surgia continuamente, repetidas vezes. É possível chegar a uma conclusão de uma maneira apenas lógica, e ela pode estar certa e pode não estar; você não pode ter certeza de sua correção. Mas para Shankara não existe a questão de ela poder estar certa ou poder estar errada: ela é certa. Mesmo que você prove logicamente que ela está errada, ele não vai sair da sua posição. Bradley poderá fazê-lo: se você lhe provar que ele está errado, ele mudará de opinião. Eu simplesmente apresentei ao professor Roy um exemplo de que me lembrei.

Agora ou nunca

Bradley diz que o universo, a existência, é "absoluto". Shankara o chama de "Brahma", mas a definição é a mesma, o absoluto. Tracei um círculo e perguntei a S.S. Roy: "Se este círculo é perfeito, então não há possibilidade de nenhum desenvolvimento, evolução, progresso. A perfeição não permite nenhuma mudança. Se a existência for absoluta, perfeita, então ela está morta. Se você quiser que ela fique viva, precisa mantê-la aberta. Não feche o círculo; deixe que ela cresça, se movimente, se desenvolva".

E continuei: "Eu não concordo com Bradley porque ele não conseguirá sequer responder a uma pergunta simples, como: 'Seu universo está morto ou vivo?' É claro que ele não pode aceitar que seu universo esteja morto. Se ele estiver morto, então eu estou morto, Bradley está morto, tudo está morto. Então com quem estou argumentando, e por quê? Deveria haver um absoluto silêncio, tudo está morto. Ele não consegue admitir isso. Mas se ele aceitar que está vivo, então certamente terá de aceitar que isso ainda não é algo absoluto, e jamais será absoluto, jamais. A minha conclusão é que ele está sempre se aproximando cada vez mais do absoluto, mas nunca vai se tornar absoluto. Estará sempre indo, indo, indo, mas jamais atingindo o absoluto: vai permanecer vivo. Bradley terá de mudar sua ideia. E você, sendo um discípulo de Bradley" – e o professor Roy era filosoficamente um discípulo de Bradley – "terá de aceitar isso em nome de Bradley, do contrário estou pronto... Diga-me, como você pode resgatar a ideia de um universo vivo com uma ideia 'perfeita, absoluta'?"

Ele disse: "Isso é verdade, eu nunca pensei nisso assim; Bradley não pode ser defendido".

Eu disse: "Mas Shankara também está dizendo que Deus, Brahma, a verdade, é absoluta. Ele também não consegue defender seu argumento, porque o argumento é o mesmo. Mas a diferença é que Bradley terá que mudar seu ponto de vista e Shankara simplesmente rirá e dirá: 'Você está certo. Minha expressão estava errada e eu sabia que alguém que sabe iria descobrir que a expressão está errada. Você está absolutamente certo, a minha expressão está errada'. Mas Shankara não vai admitir que *ele* está errado. Sua posição é aquela da experiência, é intuitiva".

Não há luta nenhuma no nível intuitivo.

O político no nível instintivo é apenas um animal selvagem. Ele não acredita em nada, exceto em ser vitorioso. E usará os meios que forem necessários para sair vitorioso. O fim justifica todos os seus meios, por mais hediondos que sejam. Adolf Hitler diz em sua autobiografia: "Os meios não importam; o que importa é o fim. Se você for bem-sucedido, o que quer que tenha feito está certo; se fracassar, o que quer que tenha feito está errado. Você mente, mas, se obtiver sucesso, a mentira se tornará a verdade. Não faça nada, simplesmente mantenha em sua mente que o sucesso deve ser o objetivo; então, o sucesso, retroativamente, torna tudo certo. E a derrota... você pode continuar fazendo tudo certo, mas a derrota provará que estava tudo errado".

No segundo nível há uma luta, mas agora a luta é humana; é uma luta do intelecto. Sim, ainda há certa luta para provar que o que você está afirmando é verdade, mas a verdade é mais importante do que você. Se você for derrotado em benefício da verdade maior, você deverá ficar feliz, não infeliz. Quando Shankara derrotou Mandan

Mishra, este imediatamente se levantou, tocou os pés de Shankara e pediu para ser iniciado. Não é uma questão de luta; é um mundo humano e bem superior de inteligência. Mas ainda, em algum lugar em nome da verdade, uma pequena política está à espreita. Do contrário, qual é a necessidade de desafiar esse homem? Se você conhece a verdade, desfrute dela! Qual é o sentido de sair por todo o país derrotando as pessoas? Se você conhece a verdade, as pessoas virão até você. Há uma política sutil nisso. Você pode chamá-la de política filosófico-religiosa, mas ainda assim é política – muito aperfeiçoada.

Somente no terceiro nível, quando a intuição começa a funcionar, não há luta nenhuma. Buda jamais foi até alguém para conquistá-lo, Mahavira jamais foi até alguém para conquistá-lo, Lao Tzu nunca foi até alguém para conquistá-lo. As pessoas foram; quem tinha sede foi até eles. Eles não estavam nem sequer interessados naqueles que viessem desafiá-los para uma discussão intelectual. Muitos foram – Sariputta foi, Moggalayan foi, Mahakashyapa foi. Todas essas pessoas eram grandes filósofos com milhares de discípulos, e eles foram desafiar Buda. Seu processo simples durante toda a vida foi: "Se você sabe, estou feliz. Você pode achar que é um vitorioso! Mas sabe de uma coisa? Eu sei, e não acho que tenha de desafiar ninguém... porque só há dois tipos de pessoas: aquelas que sabem e aquelas que não sabem. Aquelas que não sabem – como posso desafiar esses pobres companheiros? Isso está fora de questão. Aquelas que sabem – como posso desafiar esses ricos companheiros? Isso está fora de questão".

Ele perguntou a Sariputta: "Se você sabe, eu fico feliz; mas você realmente sabe? Eu não o estou desafiando, estou simplesmente indagando. Quem é você? Se não sabe, desista da ideia de me desafiar. Então, simplesmente fique aqui comigo. Algum dia, em algum momento certo, pode acontecer – não por meio do desafio, não por meio de discussão, nem sequer por meio da expressão".

E as pessoas eram realmente honestas. Sariputta inclinou-se diante dele e disse: "Por favor, perdoe-me por tê-lo desafiado. Eu não sei. Sou um debatedor hábil e derrotei muitos filósofos, mas posso ver que o senhor não é um filósofo. Chegou o momento de eu me render e enxergar as coisas a partir desse novo ângulo. O que devo fazer?"

Buda disse: "Você tem apenas de ficar em silêncio durante dois anos". Esse era um processo simples para todo desafiante que chegava – e muitos chegavam. Buda lhes dizia: "Um completo silêncio durante dois anos e depois você pode me fazer qualquer pergunta". E o silêncio durante dois anos é suficiente, mais que suficiente. Depois de dois anos eles teriam esquecido até seus próprios nomes, teriam esquecido todo o desafio, toda a ideia de vitória. Eles teriam experimentado o homem. Teriam experimentado a sua verdade.

Assim, no nível intuitivo, não há nenhuma política. Em um mundo melhor, as pessoas intuitivas serão as luzes direcionadoras para aqueles que podem pelo menos entendê-las intelectualmente. E os políticos intelectuais – os professores de política, a inteligentsia, os teóricos – eles serão os guias para os políticos instintivos. Só dessa maneira o mundo poderá ficar tranquilo, viver mais tranquilo.

A luz deve vir do nível mais elevado. Ela terá de ser passada através da segunda categoria, porque só então a terceira categoria poderá captar algo dela; a segunda categoria vai funcionar como uma ponte. Foi assim que aconteceu na antiga Índia.

Isso aconteceu um dia...

As pessoas realmente intuitivas viviam nas florestas ou nas montanhas, e os intelectuais, os professores, os sábios, os eruditos, os primeiros-ministros, costumavam ir até elas com seus problemas porque, diziam eles: "Estamos cegos – vocês têm olhos".

Isso aconteceu com Buda. Ele estava em seu acampamento ao lado de um rio e, nas duas margens, exércitos estavam de prontidão. Havia dois reinos e o rio era o limite; e eles estavam lutando há gerações sobre a qual dos reinos o rio pertencia, porque a água era um bem valioso. E não conseguiam decidir – muitas vezes tingiram o rio com sangue, e a luta continuava.

Buda tinha montado seu acampamento ali e os generais dos dois exércitos foram até ele. Por mero acaso, os dois entraram no acampamento no mesmo momento e se viram um diante do outro. Ficaram chocados diante dessa estranha coincidência, mas agora não havia como recuar.

Buda disse: "Não se preocupem. É bom que tenham vindo juntos. Vocês dois estão cegos, seus predecessores estavam cegos. O rio continua correndo e vocês continuam matando pessoas. Vocês não conseguem enxergar uma coisa tão simples? Os dois precisam de água, e o rio é suficientemente grande para ambos. Não há necessidade de deterem a propriedade do rio. E quem pode ser seu dono? Toda a água está fluindo para o oceano! Por que não podem ambos usá-lo? Uma margem pertence a um reino, a outra margem pertence ao outro; não há problema. E não há necessidade sequer de traçar uma linha no meio do rio, porque as linhas não podem ser traçadas na água. Simplesmente usem a água, em vez de lutarem por causa dela".

Era tão simples. E eles entenderam que seus campos e suas colheitas estavam morrendo porque eles não tinham ninguém para cuidar deles. A luta vinha primeiro, sobre quem deteria a posse do rio. Primeiro as águas do rio tinham de ser possuídas; só depois poderiam aguar todos os seus campos.

A mente estúpida só pensa em termos de posse. O homem de percepção pensa na utilidade.

Buda simplesmente disse: "Usem-no! E me procurem de novo quando tiveram usado toda a água. Então existirá um problema, então iremos examiná-lo. Mas só me procurem de novo quando tiverem usado toda a água".

A água ainda está fluindo, após 25 séculos. Como se pode usar toda a água? É um rio grande, com milhares de quilômetros de comprimento. Ele traz a água das neves eternas dos Himalaias e as leva até o Mar de Bengali. Como ele pode ser esgotado? E esses reinos eram apenas pequenos reinos. Mesmo que quisessem exauri-lo, não o conseguiriam.

A percepção tem de vir da pessoa intuitiva. Mas a percepção só pode ser entendida pelo inteligente, e então o inteligente pode ajudar o político do instinto, para o qual o único desejo é o poder.

Eu chamo isso de meritocracia, porque o mérito máximo domina e influencia os degraus inferiores e os ajuda a subir acima do seu nível. Não há investimentos de interesse e, como não há investimentos de interesse, ele é livre e a percepção é clara.

Será difícil para a pessoa intuitiva explicar qualquer coisa à pessoa instintiva porque elas estão muito distantes uma da outra; pertencem a duas dimensões diferentes, sem nenhuma ponte entre elas. No meio das duas, o intelectual pode ser de imensa ajuda.

As universidades, as faculdades, as escolas não devem ensinar apenas ciência política – é uma ideia absurdamente idiota ensinar apenas ciência política! Devem ensinar ciência política, mas também ensinar arte política, porque apenas a ciência é inútil; vocês têm de ensinar a política prática. E esses professores que estão nas universidades devem preparar os políticos, dar-lhes algumas qualidades.

Se isso puder acontecer, então as pessoas que estão agora governando em todo o mundo não estarão em lugar algum. Então vocês encontrarão governantes bem treinados, cultivados, conhecedores da arte e da ciência da política, e sempre prontos a procurar os professores, os eruditos. E pouco a pouco pode ser possível que eles se aproximem do grau mais elevado da meritocracia: as pessoas intuitivas.

Se isso for possível, então teremos, pela primeira vez, algo que será realmente humano – proporcionar dignidade à humanidade, integridade aos indivíduos. Pela primeira vez vocês terão uma democracia real no mundo. O que existe atualmente como democracia não é democracia – é *mobocracia*.

3
O poder da política e da religião

As religiões fracassaram, a política fracassou, as ideologias fracassaram – e elas eram muito bem definidas, eram projetos para o futuro do homem. Todas fracassaram. Era inevitável, porque todas foram orientadas em torno de uma estrutura, e todo tipo de estrutura, mais cedo ou mais tarde, se torna pesado no coração do homem. Toda estrutura se transforma em uma prisão, e um dia ou outro você acaba se rebelando contra ela. Você já não observou isso ao longo da história? Cada revolução, por sua vez, acaba se tornando repressiva.

Mas não trato de revolução, e sim de rebelião. A revolução é social, coletiva; a rebelião é individual. Não estamos interessados em fornecer nenhuma estrutura à sociedade. Chega de estruturas! Vamos deixar de lado as estruturas. Queremos indivíduos no mundo – movendo-se livremente, movendo-se conscientemente, é claro. E a responsabilidade vem de sua própria consciência. Eles se comportam corretamente, não por estarem tentando seguir alguns mandamentos; eles se comportam corretamente, com esmero, porque realmente se importam.

Poder, política e mudança

Atualmente, parece que os políticos falam como sacerdotes, e os sacerdotes agem como políticos. O que aconteceu com a ideia da separação entre a Igreja e o Estado?

Os políticos e os sacerdotes não são pessoas diferentes. São o mesmo tipo de pessoa, com o mesmo desejo, a mesma ânsia de poder. Mas escolheram áreas de ação diferentes.

O político optou pelo mundo mundano. Há um contrato não expresso de que ele não vai interferir no reino religioso e espera que a religião não interfira em seu mundo. O contrato tem sido bom, e ambos estão tentando dominar a humanidade. Um está preocupado com o mundo externo; o outro está preocupado com o mundo interno. Seus mundos não se sobrepõem, e por isso não há conflito. Na verdade, por toda a história eles têm apoiado um ao outro. O sacerdote tem abençoado os políticos, os políticos têm elogiado os sacerdotes; e às vezes a situação se torna totalmente ridícula, inacreditável.

Na Segunda Guerra Mundial, o arcebispo cristão alemão abençoava Adolf Hitler e orava a Deus para que os alemães vencessem. E a mesma religião na Inglaterra, com o mesmo tipo de arcebispo, estava orando pela vitória da Inglaterra e a derrota da Alemanha. O Deus era o mesmo, a religião era a mesma, mas o problema é que o sacerdote alemão tinha um contrato com o político alemão e o sacerdote inglês tinha um contrato com os políticos ingleses. Então, quem se importa com Deus...

Na verdade, os sacerdotes são as pessoas mais ateias do mundo. Eles sabem perfeitamente que Deus não existe.

O poder da política e da religião

Sabem melhor do que ninguém, porque este é o negócio deles. Mas eles têm de fingir que existe um Deus. Sem Deus, eles perdem a autoridade. É em nome de Deus que eles são bispos, papas e *shankaracharyas*. Se não houvesse Deus, quem seriam eles? – Apenas pessoas comuns, de repente reduzidas a nada. Então a mentira tem de ser mantida viva.

Você pode ver em situações como a Segunda Guerra Mundial que os dois arcebispos sabiam perfeitamente bem que Deus não era o caso. Ninguém estava se importando com Deus; a questão era a política. Do contrário, eles teriam se recusado. Ambos teriam dito: "Como podemos pedir pela vitória da Alemanha ou da Inglaterra? Nosso Deus é um só. Nossas orações serão então muito contraditórias! Nossa religião é uma só, nossa base é uma só, nossas igrejas são uma só e Nosso Senhor Jesus Cristo é um só. Como podemos fazer o que estão nos pedindo?"

Mas ninguém levantou a questão. Eles fizeram aquilo porque nem Deus nem Jesus Cristo significam nada. O que tem significância é o investimento de interesse. O arcebispo alemão tem seus investimentos de interesse na Alemanha, não na Inglaterra. Ele tem de apoiar Hitler. O arcebispo inglês tem de apoiar a Inglaterra e seus políticos. E, em retorno, essas pessoas continuam pagando seus tributos a esses arcebispos.

O arcebispo da Inglaterra coroará o rei. Isso é uma formalidade, mas, pelo menos, aos olhos da plebe ignara, ele é mais poderoso porque ele coroa o rei – é ele quem coroa o rei. Ele sabe perfeitamente bem que o rei pode se livrar dele a qualquer momento; e ele precisa do apoio do rei. E o apoio lhe é dado porque o rei precisa do apoio do sacerdote. As massas acreditam em Deus, as massas acreditam no bispo, as massas vão à igreja. Se o rei quiser continuar sendo rei, então tem de haver um contrato mútuo entre o sacerdote e o rei.

Essa tem sido a situação o tempo todo. As ideologias políticas se modificaram – os reis e as rainhas desapareceram, apareceram presidentes e primeiros-ministros – mas o contrato básico continua vigendo. O presidente norte-americano, antes de fazer o juramento do cargo, procura seu próprio sacerdote ou pastor para ser abençoado. Depois dessa bênção, ele vai fazer um juramento em nome de Deus e se tornar o presidente do país. Dessa maneira ele é politicamente poderoso e tem o apoio das massas religiosas. Mas o pobre do povo não tem nenhuma ideia do tipo de contrato que tem vigorado no decorrer dos séculos, e que esse contrato é possível porque tanto o sacerdote quanto o político têm desejo de poder. A ânsia pelo poder é o solo comum. E é mais fácil dividir o território, de modo que eles não entrem em conflito, pois esse conflito pode destruir a possibilidade de ambos permanecerem no poder.

Na Índia, as coisas têm estado muito claras. Por cinco mil anos, o político e o sacerdote têm estado no mesmo negócio. O hinduísmo dividiu a sociedade em quatro classes. A primeira classe é a dos brâmanes, os sacerdotes. Estes são as pessoas mais elevadas. Não possuem nada – os brâmanes são pobres. Mas o ego deles está imensamente satisfeito – eles são as pessoas "mais elevadas". Até mesmo o rei está abaixo deles, porque os reis pertencem à segunda categoria das pessoas, a dos guerreiros, dos *kshatriyas*. Eles têm todo o poder, todo o dinheiro, mas aceitam o sacerdote brâmane como superior a eles próprios. Eles se aproximam e tocam os pés do sacerdote, porque dessa maneira as massas religiosas que estão seguindo o sacerdote ficam a favor do rei. "Que humildade, que submissão!" – e é pura política.

A terceira classe é aquela dos negociantes. O brâmane é pobre porque o que faz não pode gerar riqueza. Ele ora pelas pessoas, arranja casamentos. Do nascimento até a morte, ele realiza todo tipo de ritual; essa é a sua profissão. Mas com isso ele não pode ficar rico. As pessoas pobres estão sempre em torno dele. Quanto se pode explorá-las? Elas já têm sido sugadas há séculos. O brâmane é apenas um parasita. Mas as massas pobres não têm mais nenhum sangue a ser sugado.

Assim, a terceira posição na sociedade é conferida ao negociante, que é o mais rico – mais rico que os guerreiros, mais rico que os brâmanes. Devido à sua riqueza, ele recebe um *status* logo abaixo daquele dos reis. Na Índia, os reis pediam dinheiro emprestado aos negociantes. No passado não havia bancos; os negociantes tinham todo o dinheiro. Eles proviam os reinos de todo o dinheiro de que necessitavam – emprestado, a juros. O rei necessita de dinheiro para o exército, para novas invasões; o rei necessita de dinheiro para toda a sua glória e ostentação, palácios de mármore, tronos de ouro. Onde ele vai buscar esse dinheiro? O brâmane pobre não pode dá-lo; o brâmane é usado como apoio para as massas. Os negociantes não podem ser usados para esse propósito, porque as massas são pobres e estão sempre contra o rico.

Mesmo dez mil anos antes de Karl Marx, o pobre sempre foi um comunista. Ele pode não conhecer a palavra, mas ele pode ver que está sendo explorado. Ele trabalha duro de manhã à noite. Trabalha o ano inteiro e, apesar de todo esse trabalho, ele passa fome. Ele produz tudo, mas tudo é levado pelo negociante que lhe forneceu as sementes. O negociante lhe deu dinheiro para o casamento da sua filha. Então, todos os pobres são devedores do negociante. Não podem se revoltar, mas também não podem amar o homem rico. Eles podem ver o que está acontecendo. Não são cegos.

Então, na Índia os pobres são a quarta classe, a mais baixa. E há um bom arranjo: nenhum movimento é possível de uma classe para outra. A mais baixa, a quarta classe – os *sudras*, os intocáveis – é proibida de receber educação, porque com educação eles podem começar a ter ambições. Por que uma pessoa continuaria limpando as latrinas das pessoas quando pode se tornar professor em uma escola? Se ele for bem qualificado para ser um professor universitário, por que deve continuar fazendo sapatos para as pessoas? É melhor proibi-lo desde o início; por isso a educação é vedada aos *sudras*.

A quarta classe é a maior classe, metade de toda a população. Eles não podem se casar com pessoas das castas mais elevadas; não podem se sentar na mesma plataforma que as pessoas de classe mais elevada. Até suas sombras são sujas. Se um intocável passar ao seu lado e a sombra dele o tocar – apenas a sombra o tocar, não o corpo – você tem de tomar um banho. Ele é reduzido a um ser quase inumano. Ele supre tudo, ele produz tudo; ele tece as roupas, faz os sapatos, limpa as ruas. Faz todo tipo de trabalho necessário a todas essas três outras classes...

O negociante é o intermediário. Ele explora, ele acumula dinheiro. Ele é feliz, embora esteja na terceira posição. Ele

O poder da política e da religião

pode comprar o rei, pode comprar o brâmane; quem se importa que ele esteja apenas no terceiro lugar? Ele sabe perfeitamente bem que o dinheiro é o poder mais alto. O rei deve a ele e o sacerdote tem de depender dele; então, no fundo, ele está absolutamente satisfeito. Ele realmente está no topo, mas deixa os outros desfrutarem da ideia de que estão lá. O que importa isso? O que importa é a realidade.

O brâmane pobre está satisfeito, embora seja pobre. Está satisfeito porque ele é a classe mais elevada. Seu ego está preenchido. O rei não se importa com o sacerdote porque a espada está em sua mão. Ele pode obrigar o sacerdote a fazer tudo o que ele quer. É apenas uma cortesia, ele tocar os pés do sacerdote; quanto ao mais, ele poderia cortar sua cabeça. O brâmane também sabe disso.

Então, o rei não está preocupado com o fato de ser a segunda classe, embora ele seja o rei. Ele sabe que não importa a classe em que esteja colocado, ele é o senhor. Ele pode matar o sacerdote, pode tirar todo o dinheiro dos negociantes. É apenas uma cortesia, ele tomar o dinheiro como um empréstimo a juros. E ele nunca quita a dívida. Nenhum rei jamais devolveu o dinheiro que pegou emprestado, não há necessidade disso. Não se pode obrigá-lo a isso, pois ele tem todo o poder na sua espada. Durante séculos ele tem tomado dinheiro emprestado e nunca o devolveu; então, seja qual for a taxa de juros que lhe seja cobrada, ele concorda prontamente. Não devolverá nem o capital original nem os juros. Ninguém jamais o fez; simplesmente não acontece. Mas o negociante pode desfrutar da ideia de que o rei está em débito com ele. Sem o negociante ele não pode governar o império. É o seu dinheiro e o seu poder, e ele naturalmente tira proveito disso. Privilégios lhe serão concedidos, ele terá sempre a primeira chance em qualquer oportunidade, porque o rei depende do seu dinheiro. É um belo arranjo e muito psicológico, para todos se sentirem importantes, todos poderem se sentir no topo.

O *sudra*, que é o quarto, no fundo também sabe que sem ele a sociedade morrerá. Ele é o produtor dos alimentos, das roupas, de tudo. Então, deixa esses idiotas pensarem que estão no topo, mas eles todos dependem dele. Eles comem o alimento que ele planta, moram nas casas que ele constrói, vestem as roupas que ele tece. Sem ele, todos os outros – o negociante, o rei, o sacerdote – teriam de cometer suicídio. Então, ele pode ser pobre, pode ser desumanizado de todas as maneiras, mas entende que isso tudo é apenas uma formalidade. Não faz diferença. Ele é o poder real.

Então, todos estão profundamente satisfeitos, e por isso nunca aconteceu uma revolução na Índia – e não pode acontecer. Em todo país onde ocorre revolução, é a inteligentsia do país que a provoca. Eles não fazem a revolução, mas fornecem a ideologia. Mas na Índia o brâmane é a inteligentsia. Toda revolução aconteceria contra ele; portanto, é claro que ele não pode oferecer uma ideologia de revolução. Oferecerá ideologias que impeçam qualquer sonho de revolução, de mudança.

É claro que o rei, a classe dos guerreiros, não pode ser a favor da revolução, porque ela iria contra ele. Ele seria banido do seu trono. Os negociantes também não podem ser a favor da revolução, porque todas as revoluções são contra os ricos. E o homem pobre não pode sequer imaginar a revolução, porque não lhe foi permitido nenhum tipo de educação. Ele foi proibido de ter qualquer contato com a sociedade das três classes superiores. Ele mora fora da cidade; não pode viver dentro da cidade.

Os poços dos pobres não são profundos; eles não podem investir muito dinheiro na construção de poços. Os negociantes têm poços grandes e profundos, e o rei tem seu próprio poço; mas, mesmo em tempos de seca, quando a chuva não vem e seus poços estão secos, o *sudra* não tem permissão de tirar água de nenhum outro poço. Pode ter de andar oito quilômetros para pegar água de um rio.

O *sudra* passa tanta fome que é difícil até mesmo conseguir fazer uma refeição por dia; e esta é sempre pobre de nutrientes. Como ele pode pensar em revolução? Ele sabe que esse é o seu destino. Foi-lhe dito isso e ele foi condicionado pelo sacerdote a aceitar que esse é o seu destino: "Deus deu-lhe uma oportunidade para mostrar sua confiança. Esta pobreza não é nada, dura apenas alguns anos. Se você conseguir permanecer fiel, grande será a sua recompensa".

Então, por um lado, o sacerdote continua pregando *aos sudras* contra qualquer mudança; por outro, *os sudras* não podem conceber a mudança porque estão subnutridos. E vocês têm de entender uma coisa: a pessoa subnutrida perde a inteligência. A inteligência só floresce quando você tem tudo de que seu corpo necessita, e um pouco mais. Esse "mais" torna-se a sua inteligência, porque a inteligência é um luxo. Uma pessoa que só faz uma refeição por dia não tem nada, não lhe resta energia para fazer a inteligência crescer. É a inteligentsia que cria as ideias, as novas filosofias, novos modos de vida, novos sonhos para o futuro. Mas, na Índia, a inteligentsia já está no topo. Na verdade, a Índia fez algo de enorme importância: nenhum outro país conseguiu manter o *status quo* de uma maneira tão científica. E vocês vão se surpreender, porque o homem que fez isso foi Manu. Seus ensinamentos ainda são seguidos após cinco mil anos.

Nos dias de hoje, somente duas pessoas fora da Índia apreciaram Manu. Uma é Friedrich Nietzsche; a outra é Adolf Hitler. Adolf Hitler foi um discípulo de Friedrich Nietzsche, e Friedrich Nietzsche foi o filósofo do nazismo. Adolf Hitler simplesmente praticou o que Nietzsche pregou. O relacionamento é exatamente como aquele entre Marx e Lênin. Marx foi o filósofo que criou toda a ideologia do comunismo, e Lênin a aplicou à realidade. Foi o mesmo o relacionamento entre Friedrich Nietzsche e Adolf Hitler.

Não é uma coincidência ambos apreciarem um livro escrito cinco mil anos antes na Índia. Ambos o apreciaram porque conseguiram enxergar o grande mestre planejador que Manu deve ter sido para criar um sistema que ainda perdura. Ele impediu a revolução durante cinco mil anos, e talvez possa impedi-la para sempre. Pode ser que jamais haja uma revolução na Índia.

O partido comunista é um dos partidos mais antigos da Índia, mas não tem poder porque não atrai a mente indiana. O brâmane não vai ouvi-lo, porque os comunistas não acreditam em Deus; são pessoas não religiosas, algo imoral segundo o brâmane. Os guerreiros não vão ouvi-lo porque eles têm seu próprio poder; qualquer um que tenha poder não vai ouvir os comunistas, porque eles querem distribuir o poder e tudo o mais igualmente. Ora, se você tivesse poder, não gostaria de distribuí-lo igualmente. A

O poder da política e da religião

única alegria em ter poder é o fato de você estar no topo e todos os demais estarem abaixo de você; é o fato de você ter conseguido atingir o topo do Everest e os outros estarem lá no pé da montanha. Você não pode aceitar a ideia da distribuição do poder.

O negociante não pode ser a favor dos comunistas porque o seu dinheiro seria distribuído igualmente. E o homem que poderia estar interessado no comunismo, aquele pertencente à classe mais pobre, é tão desprovido de inteligência, é tão submisso à autoridade do sacerdote, que você não consegue sequer convencê-lo de que ele é pobre porque está sendo explorado. Eu tentei; é impossível. Ele continuará dizendo: "Não, este é o meu destino, o meu karma, e, por favor, não diga nada que me perturbe porque então eu terei de sofrer por isso. É só uma questão de alguns anos. Se eu conseguir manter minha fé em Deus, no sacerdote e nas escrituras, vou ser libertado e então terei todas as recompensas e satisfações". Ele não pode fazer uma revolução porque a revolução pode destruir o seu Paraíso.

A revolução não atrai o homem pobre da Índia porque ele carece de certa inteligência. Durante séculos, ele e seus antepassados só fizeram sapatos; nunca fizeram qualquer outra coisa. Não lhes é permitido fazer outra coisa; o sistema é tão rígido que nenhum movimento é possível. Um filho de sapateiro, não importa o que ele queira, não pode seguir outra profissão. Ele não será aceito em parte alguma.

Esses políticos e sacerdotes têm sede de poder. E há outra ambição – a ambição por dinheiro, porque este também é um tipo de poder. Então, há três linhas de poder. Uma é aquela do sacerdote – ele tem um relacionamento direto com Deus; ele sabe e você não sabe; ele é sábio e você é ignorante; ele é virtuoso, por isso nasceu um brâmane. Você cometeu pecados no passado, por isso não está na primeira classe. Todos recebem segundo suas ações.

A segunda linha de poder é o poder político, que no passado na Índia – e em todos os outros lugares também – era o poder da espada. E a terceira é o poder do dinheiro.

Esses são os únicos três poderes; e esses três tipos de poder, em vez de lutarem um contra o outro, dividiram suas áreas, o que é simplesmente inteligente. Eles dividiram suas áreas e um não interfere no território do outro. A grande massa, que é explorada pelos três de diferentes maneiras, permanece escravizada, continua trabalhando para os outros, vive na pobreza, morre na pobreza, nunca conhece nada da beleza, da música, da poesia. Essas coisas não são para as massas pobres.

Meu esforço é tornar absolutamente claro às pessoas inteligentes do mundo que esses três grupos de poder são criminosos. Qualquer um que tenha vontade de poder é um criminoso. Essa é a minha definição de criminoso: qualquer um que tenha vontade de poder. E por que eu digo que a vontade de poder é criminosa? Porque a vontade de poder significa simplesmente ter poder sobre os outros. Os outros têm de ser escravizados e explorados. Os outros têm de ser reduzidos a espécies subumanas. Os outros tinham o mesmo potencial, mas não lhes foi permitido realizar o seu potencial.

A vontade de poder significa que você quer se tornar o senhor e reduzir os outros a escravos. Isso pode ser feito de várias maneiras. Uma delas é mediante o conhecimento, o que o sacerdote tem. Após a chegada do Raj britânico na Índia, houve uma grande luta porque os brâmanes não estavam preparados para que seus escritos fossem traduzidos para outra língua. Eles tinham de permanecer em sânscrito antigo, que nunca foi a língua do povo; era a língua apenas dos sacerdotes. Mas o país estava sob o domínio britânico e os sacerdotes não tiveram saída – embora tenham tentado arduamente, dizendo que seus escritos não deviam ser traduzidos, que na tradução eles seriam destruídos. Mas os britânicos estavam determinados a traduzi-los – aquela era a civilização mais antiga, podia haver segredos no seu enorme número de escritos. Então começaram a traduzi-los.

Essas traduções da literatura sânscrita destruíram toda a "sabedoria" dos brâmanes, porque, antes, ninguém jamais entendeu o que eles estavam dizendo. O sânscrito é uma bela língua, quase poesia. Tem uma qualidade mágica. É possível cantá-lo, e até mesmo a prosa soa como se fosse poesia. Então, quando os brâmanes estão cantando, recitando, ninguém entende o significado. Seja o que for que o sacerdote queira que signifique, aquele será o significado. O sânscrito é a língua de Deus, e só os sacerdotes entendem a Sua língua. O que quer que transpire entre Deus e o homem tem de vir mediante o sacerdote, o brâmane.

A situação era a mesma em outros lugares, em outras religiões. Os rabinos nunca quiseram que seus escritos fossem traduzidos do hebraico para a língua das pessoas comuns. E em quase todas as religiões é a mesma coisa. A razão disso é que esses escritos são simplesmente bobagens

– não há nada significativo neles! Você escava toda a montanha e não encontra sequer um rato. O conhecimento dos sacerdotes era falso, pretenso, e a pretensão só poderia ser carregada por séculos se as massas fossem impedidas de saber o que eles estavam dizendo.

Você ficará surpreso em saber que um dos deuses hindus, Rama, uma encarnação de Deus, despejou chumbo ardente derretido nos ouvidos de um homem pobre porque ele foi surpreendido ouvindo o canto dos Vedas, escondido atrás das árvores, enquanto acontecia um ritual dos brâmanes. Não é uma questão de educação; nem sequer ouvir o canto era permitido, e essa era a punição. E Rama é adorado como uma encarnação de Deus?

Gandhi rezava continuamente para Rama. Eu fico simplesmente impressionado de ver que um homem como Gandhi, que falava continuamente em não violência, fosse um adorador de Rama – que está sempre carregando arco e flechas, pois estes são seus símbolos. O homem que era tão cruel... Não acho que aquele pobre homem estivesse fazendo nada de errado. Era apenas curiosidade sobre o que acontece nas cerimônias religiosas; ele estava escondido atrás das árvores, ouvindo. E é claro que não havia nada de errado nisso, pois ele não conseguia entender o que estava sendo dito; mas como ele fez algo contrário à estrutura social, Rama ensurdeceu aquele homem para o resto da sua vida.

Mas, ainda assim, Gandhi permaneceu cantando todas as manhãs e noites o nome de Rama. Estas foram suas últimas palavras quando foi assassinado: "Oh, Rama! Oh, Rama!" As últimas palavras foram dirigidas a esse homem

O poder da política e da religião

– que era violento, que não era sequer humano. Não se questiona a sua divindade.

Isso é algo que o movimento de buscadores tem de fazer – expor que esses três grupos, com cobiça de poder, vêm conspirando contra toda a humanidade. É chegada a hora de entendermos e destruirmos o seu contrato. E isso pode ser feito facilmente: é preciso apenas criar cada vez mais comunas onde não haja cobiça de poder, onde as pessoas não sejam contra o dinheiro, contra roupas, contra nada; onde as pessoas possam viver com abundância, com conforto – ninguém explorando o trabalho de ninguém e ninguém dominando ninguém – e onde o bombeiro, o encanador, seja tão respeitado quanto o professor, sem distinção alguma.

Fico surpreso de que as pessoas que vêm visitar a nossa comuna não consigam enxergar o simples fato de um encanador ser tão respeitado quanto um professor. Na verdade, ninguém sabe quem é um encanador e quem é um professor, porque um dia o professor funciona como professor e outro dia ele funciona como um encanador. E os nossos encanadores não são deseducados. Eles podem ser professores a qualquer momento. Esta é a primeira vez que tantas pessoas estão vivendo com dignidade humana e sem nenhum esforço para torná-las iguais – porque esse esforço é agressão. É aí que eu difiro do comunismo. Minha diferença é totalmente diferente das diferenças das outras pessoas em relação ao comunismo. As outras pessoas são contra o comunismo porque seus direitos adquiridos serão destruídos por ele. Eu sou contra o comunismo porque ele não é suficientemente comunista. Fica bem aquém.

Isso pode ser facilmente visto. No exemplo da Rússia vocês podem ver que a individualidade das pessoas foi completamente destruída. Em vez de terem liberdade, elas foram completamente escravizadas; e as classes não desapareceram, apenas seus nomes foram mudados. Na Rússia comunista havia as pessoas que estavam no poder, a elite do poder, e as pessoas que não tinham poder. A Rússia tinha duas classes, e o movimento entre essas duas classes era tão difícil quanto sempre foi na Índia.

Durante 60 ou 70 anos depois da revolução, a maior parte do mesmo grupo permanecia no poder. As pessoas foram morrendo, novas pessoas assumiram seus lugares, mas essas novas pessoas não vinham das massas. Por exemplo, quando Stálin morreu, Khrushchev estava esperando bem atrás dele durante todos aqueles 40 anos, sabendo que no momento em que Stálin morresse ele se tornaria o homem mais poderoso do mundo. É claro que ele odiava Stálin, mas não proferia uma única palavra contra ele... Todos sabiam que Stálin matava todos os concorrentes, simplesmente os matava.

Na revolução houve muitos líderes. O mais importante foi Lênin. Stálin o envenenou, mas o envenenamento foi realizado tão lentamente que ele demorou dois anos para morrer. Ficou doente durante esses dois anos e Stálin atuou em seu lugar, conseguindo colocar suas próprias pessoas em todas as posições estratégicas; porque quando Lênin morresse, seu segundo homem, Trotsky, iria assumir. Foi por isso que Lênin foi mantido vivo; do contrário não seria necessário dar-lhe pequenas doses, apenas uma dose seria suficiente. Ele foi mantido vivo para evitar que Trotsky assumisse o poder. E Stálin era apenas um secretário, ele atuava em nome de Lênin.

Ele viu o momento que era o certo. Ele já havia substituído todas as pessoas estratégicas. E Lênin estava acabado. Trotsky não tinha nenhuma esperança de permanecer vivo; vendo a situação, ele fugiu da Rússia.

E fez bem em fugir, porque Stálin matou até o cão dele– era um homem vingativo a esse ponto. E finalmente matou também Trotsky, no México. Ele fugiu para o mais longe possível, mas um assassino profissional foi enviado para lá e ele foi morto. As pessoas seguintes na linha de sucessão eram Kamenev e Zinoviev. Todos foram mortos, presos, enviados para a Sibéria, e ninguém jamais soube o que aconteceu com essas pessoas.

Trotsky era a pessoa mais importante, mas ele estava tão seguro da sua importância que nunca se preocupou com o que estava acontecendo às suas costas. Como fez todas essas coisas, Stálin estava perfeitamente consciente de que podiam fazer com ele a mesma coisa que ele havia feito com Lênin, com Trotsky, com Kamenev, com Zinoviev, com todas as pessoas que eram mais importantes que ele. Stálin nomeou pessoas dele, mas a distância entre ele e essas pessoas era grande. Ele sempre manteve essa distância. Ninguém podia achar que ele fosse um amigo. Os amigos são perigosos na política do poder porque são íntimos demais, próximos demais, e perigosos.

Khrushchev era um adorador de Stálin. No dia em que Stálin morreu e Khrushchev se tornou primeiro-ministro, pela primeira vez ele expôs sua própria mente em seu gabinete. Ele disse: "Durante 40 anos estive ardendo. Vi Stálin fazer coisas que ninguém jamais havia feito em toda a história". Ele matou quase dez milhões de pessoas depois da revolução.

Alguém que estava lá atrás perguntou: "Se foi assim, e esse homem era um assassino, o que você estava fazendo? Por que não disse isso antes?"

Khrushchev riu e disse: "Camarada, levante-se para que eu possa ver seu rosto e, por favor, diga-me o seu nome". Ninguém se levantou. Ele perguntou duas vezes, e então disse: "Você entende agora por que eu me calei? Você ouviu a minha resposta? Se você tivesse se levantado, saberia o que teria acontecido comigo se eu tivesse falado uma única palavra contra Stálin". Mas a mesma coisa também aconteceu com ele.

Havia uma companhia de elites do poder na União Soviética que comandava todo o show, e eles tinham todo o poder. Tinham o poder do sacerdote, porque destruíram totalmente a religião; não havia sacerdote; eles assumiram esse papel, também. Todo livro era publicado apenas pelo governo. Qualquer jornal, qualquer revista, qualquer informação era publicada pelo governo. O governo estava fazendo o que os sacerdotes faziam antes. O político assumiu completamente a área do sacerdote; agora ele era duplamente poderoso. Ele decidia o que era certo e o que era errado. E assumiu em suas mãos o terceiro poder também, porque tudo foi nacionalizado. O que isso realmente significava? Quando as coisas são nacionalizadas, tudo vai para as mãos dos políticos: todas as fábricas, todos os campos, todo o dinheiro, tudo – as pessoas inclusive, porque as pessoas não são mais pessoas, são mercadorias. Então, aconteceu algo muito especial na Rússia. Pela primeira vez, todos os três centros do poder se tornaram um. Por isso a Rússia – todo o país – se tornou uma grande prisão, um grande campo de concentração.

O poder da política e da religião

Temos de criar comunas no mundo todo como modelos onde as pessoas possam ir e ver que o poder não é de modo algum uma necessidade, que as pessoas podem se regozijar sem serem poderosas, que não é necessário escravizar ninguém. O que se tenta fazer escravizando alguém pode ser feito mais facilmente apenas sendo amistoso, apenas sendo mais amoroso. Não há necessidade de categorizar alguém como superior e alguém como inferior. Todos que estão contribuindo de alguma maneira para a comuna – limpando os banheiros – são tão significantes quanto o reitor da universidade, porque ambos estão fazendo algo essencial. Na verdade, o reitor pode entrar e sair de férias e não haverá problemas, mas o limpador de banheiros não pode faltar; ele é mais essencial, mais fundamentalmente necessário. Ele deve merecer mais respeito também.

Mas ninguém sente qualquer inferioridade, qualquer superioridade. Ninguém está ligado nisso. O dia de trabalho está encerrado e todos estão se divertindo, dançando e cantando. Os professores estão lá, os terapeutas estão lá, os faxineiros estão lá. Não há classe.

Para mim esse é o verdadeiro comunismo. Em nossas comunas não impomos nenhuma igualdade. Cada um é único, ninguém é igual; ainda assim há uma tendência sutil de igualdade que não torna a pessoa similar. Ela deixa a pessoa singular, e assim toda a desigualdade desaparece. Ninguém é sacerdote, ou todos são sacerdotes. Ninguém é pró poder, ou todos têm poder, não há problema. Se alguém quiser pendurar no pescoço um cartaz dizendo "Sou o presidente deste universo", ninguém vai objetar. As pessoas vão realmente se divertir com isso! Ninguém vai lhe dizer: "Isto não é possível! Você está dizendo ser o senhor de todo o universo e está apenas faxinando os banheiros!" Ninguém vai dizer isso. Ele pode entrar nos banheiros e limpá-los com esse cartaz pendurado no pescoço – e ainda assim não há qualquer contradição. As pessoas vão encarar isso como uma brincadeira. Qualquer um que finja ser poderoso vai ser levado na brincadeira, como numa diversão; esse homem ficou meio louco.

> *Eu entendo quando você diz que os políticos e os sacerdotes estão explorando e enganando as pessoas. Mas às vezes parece que você está falando sobre eles como se fossem uma raça diferente vinda do espaço sideral para nos dominar. Meu entendimento, por outro lado, é que esses políticos e sacerdotes saem do meio de nós; nós somos totalmente responsáveis pelo que fazem, e nos queixarmos deles seria como nos queixarmos de nós mesmos. Não há um político e um sacerdote oculto em cada um de nós?*

Os políticos e os padres certamente não vêm do espaço sideral; eles se desenvolvem entre nós. Também temos a mesma cobiça de poder, a mesma ambição de ser mais santo que os outros. Eles são as pessoas mais bem-sucedidas no que se refere a essas ambições e desejos.

Certamente nós somos responsáveis, mas é um círculo vicioso; não somos os únicos responsáveis. Os políticos e os sacerdotes continuam condicionando as novas gerações às mesmas ambições; eles constroem a sociedade, cultivam a mente das pessoas e seu condicionamento. Eles são também

O poder da política e da religião

responsáveis – e são mais responsáveis do que as pessoas comuns, porque as pessoas comuns são vítimas de todos os tipos de programas que estão sendo impostos a elas.

A criança chega ao mundo sem nenhuma ambição, sem nenhuma cobiça por poder, sem nenhuma ideia de que é mais elevada, mais santa, superior. Certamente ela não pode ser responsável. Aqueles que a criam – os pais, a sociedade, o sistema educacional, os políticos, os sacerdotes –, a mesma gangue continua danificando cada criança. É claro que, quando chegar a sua vez, ela vai fazer o mesmo... mas é um círculo vicioso. A partir de onde vamos rompê-lo?

Eu insisto em condenar os sacerdotes e os políticos porque é a partir daí que o círculo vicioso pode ser rompido. Condenar as crianças que estão vindo ao mundo não vai ajudar. Condenar as massas também não vai ajudar, porque elas já foram condicionadas – estão sendo exploradas. Estão sofrendo, são miseráveis, mas nada as desperta – estão adormecidas. O único ponto em que as nossas condenações devem se concentrar é naqueles que têm o poder, porque têm o poder de contaminar as futuras gerações. Se eles puderem ser detidos, podemos ter um novo homem.

Eu sei que todos são responsáveis. Em tudo o que acontece, de uma maneira ou de outra, houve a participação de todos. Mas para mim o importante é a quem atingir, para evitar que a nova geração de crianças entre no círculo vicioso. A humanidade está se revolvendo nele há séculos. Por isso eu não condeno as massas, não condeno vocês. Condeno aqueles que estão agora em uma posição em que, se relaxarem apenas um pouquinho no que diz respeito aos seus investimentos de interesse, e olharem para a massa miserável da humanidade, uma transformação é possível – o círculo pode ser rompido.

Escolhi propositalmente os políticos e os sacerdotes. Há muitas outras coisas a serem lembradas. O sacerdote sabe perfeitamente bem que Deus não existe, mas toda a sua profissão depende desse Deus não existencial. Ele não pode dizer a verdade porque seus investimentos de interesse estarão perdidos – não somente os dele, mas ele estará estragando todo o jogo para as próximas gerações. Ele sabe que os rituais são apenas engodos, que os mantras não carregam nenhum poder, que a sua teologia é apenas um disfarce. Ninguém sabe disso melhor do que ele; ele estudou as escrituras e sabe que não há evidência de Deus em parte alguma. Ele interpreta as escrituras de tal maneira que isso ajude a sua profissão. Ele continua comentando as antigas escrituras, acrescentando mais e mais coisas que são úteis para a sua profissão.

À medida que os tempos mudam, ele tem de fazer novas adições. Por exemplo, Manu, um pensador de cinco mil anos atrás, sacerdote, pai da classe sacerdotal, em seu *Manusmriti* – as "memórias de Manu", que os hindus seguem literalmente – criou o sistema de castas, uma das coisas mais aberrantes que existem. Por causa dele, um quarto dos hindus sofreu uma longa escravidão, exploração e humilhação. Eles foram transformados em seres quase subumanos – são chamados de *achhoot*, intocáveis. Caíram tão baixo que não se pode tocá-los; quem os tocar tem de tomar um banho imediatamente. Mesmo que sua sombra toque uma pessoa já é o bastante para torná-la impura. Parece que Manu reduziu um quarto dos hindus à escravidão eterna.

O poder da política e da religião

Ele conseguiu colocar a classe sacerdotal na mais alta posição da sociedade, mas foi realmente esperto e astuto: deu toda a superioridade aos brâmanes, mas não lhes deu riquezas, nem materiais nem poder temporal. Dividiu as castas para que não houvesse conflito. O poder temporal ele deu à segunda casta mais elevada: os guerreiros, *kshatriyas*. Eles vão ser os reis, vão ser os generais, os soldados, os lutadores, e serão a segunda classe mais elevada. E o dinheiro ele deu à terceira classe: os negociantes, os *vaishyas*. À quarta ele não deu nada – exceto escravidão.

Você pode ver a esperteza... Ele divide. Não dá dinheiro aos brâmanes, nem poder temporal, pois, se o fizesse, três quartos da sociedade ficariam contra eles, e isso não possibilitaria controlar essas pessoas. Se eles tivessem poder espiritual, poder material, dinheiro, haveria ressentimento, raiva, violência – haveria levantes. Então, aos brâmanes ele dá o poder sagrado – eles são os mais elevados, os mais santos, mas ele não lhes dá nada temporal.

Ele dá o poder temporal aos guerreiros. Isso é satisfatório, porque eles vão ser os reis; os brâmanes não podem ser reis. E quem se importa com o poder espiritual? Deixe que eles tenham poder espiritual; é quase como não ter nada, apenas uma qualidade nominal de ser superior. E assim os guerreiros não se enraivecem com isso. Ao contrário, ficam felizes de que um quarto da sociedade jamais entre em conflito com eles – eles já são os mais elevados, não têm nada mais a ganhar. E os guerreiros são as pessoas mais poderosas.

À terceira classe ele dá dinheiro e todas as outras coisas terrenas. Estas são pessoas que não podem lutar, não são guerreiras – mas podem ganhar dinheiro, podem produzir riqueza.

Na Índia – antes de ela se tornar um país escravo – todos os reis deviam dinheiro às pessoas ricas. Pois onde arranjariam dinheiro? Só conseguindo-o emprestado. Eles podiam conseguir quando invadissem algum outro país; do contrário, tinham de pedir emprestado aos negociantes. E os negociantes viviam contentes – tinham todas as coisas materiais, dinheiro... E não só isso: os reis lhes pediam dinheiro emprestado, os brâmanes dependiam deles para tudo – então, deixe-os acreditar que são superiores... – mas basicamente os negociantes detinham o poder. Eles tinham o dinheiro.

E contra essas três classes, a quarta classe, a dos pobres, não tinha poder para lutar. Eles viviam privados de toda educação, privados até mesmo de viver na cidade. Não podiam tirar água do poço da cidade – tinham de construir seus próprios poços ou pegar água no rio. Viviam completamente isolados da sociedade. Essa quarta classe tem apenas que chegar e servir e fazer todas as coisas repugnantes que ninguém mais quer fazer. E os três setores poderosos estão aí para continuar reprimindo-os; eles têm dinheiro, têm poder, têm elevação espiritual, são os representantes de Deus.

Por cinco mil anos eles têm mantido isso – e fizeram os membros da quarta classe, os escravos, acreditar que nasceram escravos devido aos maus atos cometidos em sua vida passada – este é o castigo. O brâmane vive desfrutando da sua posição por causa dos bons atos que cometeu na vida passada. E não há mobilidade; uma pessoa não pode passar de uma casta para outra.

O poder da política e da religião

Desde Manu, os sacerdotes na Índia permanecem sendo o elemento mais antirrevolucionário – naturalmente, porque, do contrário, eles perdem sua superioridade. Os reis vêm e tocam seus pés, os super-ricos vêm e tocam seus pés – seu ego fica preenchido. E é a mesma história no resto do mundo; em toda parte a classe sacerdotal tem mantido sua superioridade. Não é tão nítida como na Índia, mas existe uma divisão sutil. O sacerdote é superior em toda parte, o guerreiro em toda parte vem em segundo lugar, e os ricos em toda parte vêm em terceiro lugar. A quarta classe, os escravos, os criados, é a mesma em toda parte.

Os sacerdotes continuam doutrinando, desenvolvendo em cada criança certo tipo de mentalidade que mantém a sociedade caminhando – ou paralisada. Os políticos mantêm uma profunda conspiração com os sacerdotes. Os políticos são cheios de cobiça de poder e, como querem poder, precisam das bênçãos dos sacerdotes, porque os sacerdotes têm uma influência espiritual sobre a humanidade. E se um político chega e toca os pés de um sacerdote, os seguidores do sacerdote vão votar no político. Há uma conspiração: o político elogia o sacerdote, sua religião, sua ideologia, e os sacerdotes abençoam o político e sua ideologia. E entre esses dois grupos poderosos toda a sociedade é esmagada, vampirizada.

Eu sei que todos são responsáveis, mas nem todos são poderosos o bastante para romper o círculo; por isso estou constantemente atingindo os sacerdotes e os políticos. E agora eles passaram a ter medo de mim – talvez nunca antes tivessem tido medo de um único homem. No mundo todo, eles não querem que eu entre em seus países. Os sacerdotes estão por trás dos políticos que estão fazendo as regras e as leis proibindo a minha entrada.

Nossa comuna nos Estados Unidos foi destruída pelos políticos, mas por trás dos políticos estavam os cristãos fundamentalistas, o grupo mais ortodoxo dos sacerdotes cristãos. O próprio Ronald Reagan era um cristão fundamentalista. E ser um cristão fundamentalista significa ser absolutamente ortodoxo. Ele acredita que toda palavra escrita na Bíblia é sagrada, saiu da própria boca de Deus. Esses dois grupos se uniram em uma conspiração para destruir a comuna. Outro dia recebi a notícia de que agora estão fazendo um memorial no Oregon; bispos e políticos e todos os tipos de liderança, cidadãos proeminentes, estão contribuindo com dinheiro – um grande memorial, para celebrar a sua vitória, o fato de terem afugentado as forças do mal que criaram a comuna. Eles me expulsaram, destruíram o meu trabalho e, não satisfeitos com isso, querem criar um memorial para que as futuras gerações saibam disso.

E tanto os sacerdotes quanto os políticos são muito vulneráveis; eles não têm chão sob seus pés. Basta um golpe certeiro e eles estarão acabados. E quando estiverem acabados, a sociedade experimentará um gosto de liberdade. Poderemos criar as crianças de uma maneira mais humana; elas serão não condicionadas, inteligentes, olharão para toda a Terra como uma coisa só – não cristãos, não hindus, não muçulmanos, não índios, não chineses, não americanos. As nações e as religiões são criações dos padres e dos políticos. Quando estes estiverem acabados, as religiões e as nações também acabarão. E um mundo livre de religiões, livre de nações, será um mundo

O poder da política e da religião

humano – sem guerras, sem lutas desesperadas por coisas que ninguém viu...

É tão estúpido que por milhares de anos as pessoas tenham matado umas às outras em nome de Deus. Nenhuma delas viu Deus, nenhuma delas tem nenhuma prova, nenhuma delas tem qualquer evidência de que Deus existe. E elas não se sentem sequer constrangidas, porque ninguém – olhando diretamente dentro de seus olhos – lhes fez essa pergunta... E continuam em cruzadas, jihads, guerras religiosas, destruindo todos aqueles que não acreditam em seu dogma, porque o seu dogma é divino e todo outro dogma é criação do demônio. Estão tentando servir a humanidade matando pessoas. Sua intenção é libertar essas pessoas da influência do demônio. Mas o estranho é que toda religião acha que as outras religiões foram criadas pelo demônio. E então a luta continua. Os políticos estão travando guerra após guerra – para quê? Não vejo a razão. A Terra não tem linhas; então porque fazer esses mapas e traçar linhas?

Um dos meus professores era um homem muito inteligente. Um dia ele levou para a classe alguns pedaços de papelão; ele havia cortado o mapa-múndi em pequenos pedaços, colocou-os sobre a mesa e perguntou: "Alguém pode vir aqui e colocá-los no lugar certo?" Muitos tentaram e falharam. Apenas um menino, vendo que todos estavam falhando e ninguém estava conseguindo montar o mapa-múndi colocando os pedaços no lugar certo, olhou para um pedaço que estava no lado reverso. Então virou todas as peças e encontrou a figura de um homem. Montou a figura do homem, que era muito fácil – essa era a chave. Em um lado estava montada a figura do homem e do outro lado estava montado o mapa.

Talvez o mesmo ocorra no mundo real. Se conseguirmos montar o homem, o mundo ficará montado. Se pudermos tornar o homem tranquilo, pacífico, amoroso, as nações vão desaparecer, as guerras vão desaparecer, toda política suja vai desaparecer. E lembrem-se de que toda política é suja; não há outro tipo de política.

Mas nós temos que atingir aqueles que detêm o poder. Atingir o homem pobre comum não vai ajudar, porque ele não tem poder, ele é uma vítima. Mesmo que pudéssemos mudá-lo, não seria uma grande mudança. Mas se pudermos abolir a conspiração entre a religião e a política, os sacerdotes e os políticos, haverá realmente uma grande mudança, uma revolução – a única revolução que é necessária e que ainda não aconteceu.

É realmente possível um político ser um homem religioso, ou um homem religioso ser um político? Porque, ao que me parece, qualquer esperança de uma verdadeira mudança depende de se ter uma liderança que seja realmente sábia.

É absolutamente impossível um homem político ser religioso, porque os estilos da política e da religião são diametralmente opostos.

Você tem de entender que não se trata de adicionar algo à sua personalidade. Religiosidade, consciência, estado meditativo não são adicionais. Se você for político, pode ser um pintor, pode ser um poeta, pode ser um músico – estes

O poder da política e da religião

são adicionais. A política e a música não são diametralmente opostas; pelo contrário, a música pode ajudá-lo a ser um político melhor – será relaxante, vai ajudá-lo a diminuir a carga de um dia inteiro e as ansiedades que um político tem de atravessar.

Mas a religião não é uma adição, é uma dimensão diametralmente oposta. Assim, primeiro você tem de entender o homem político, exatamente o que isso significa.

O homem político é um homem doente, psicológica e espiritualmente doente. Fisicamente ele pode estar perfeitamente bem. Em geral, os políticos são fisicamente saudáveis; toda a sua carga recai na sua psique. Pode-se ver isso. Quando um político perde o seu poder, ele começa a perder sua saúde física. É estranho... Quando ele estava no poder, tão sobrecarregado de ansiedades e tensões, estava fisicamente perfeito. No momento em que o poder desaparece, todas as ansiedades também desaparecem; agora elas serão enfrentadas por outra pessoa. Sua psique está descarregada, mas então toda a sua doença se instala em seu corpo.

O político só sofre, no que diz respeito à sua fisiologia, quando perde o poder; do contrário, os políticos tendem a ter vida longa, a ser fisicamente saudáveis. A razão disso é que toda a sua doença é extraída por sua psique, e quando a psique assume toda a doença o corpo pode ficar liberado. Mas quando a psique liberta toda a doença, onde isso vai parar? Abaixo do psíquico está sua existência física – toda a doença se instala no corpo. Os políticos desprovidos de poder tendem a morrer logo. Os políticos que estão no poder vivem muito. Isso é um fato conhecido, mas a causa não é bem conhecida.

Assim, a primeira coisa a ser entendida é que o homem político é psicologicamente doente, e a doença psicológica tende a se tornar doença espiritual quando ela aumenta muito, quando a psique não consegue mais contê-la. Então, fique atento: se o político está no poder, sua doença física pode se disseminar para seu ser espiritual. Como ele está mantendo a sua doença psíquica, ela não desce para o corpo. É o seu poder; ele acha que é o seu tesouro; ele não vai permitir que ele desmorone.

Estou chamando isso de doença. Para ele, é a experiência total do ego. Ele está vivendo por isso; para ele, não há outro propósito. Então, quando está no poder, se agarra firmemente à sua doença, mas não conhece nada do reino espiritual. As portas ficam abertas. Ele não consegue fechar essas portas; não tem ideia de que haja algo além da sua mente. Quando ele está no poder, sua doença psicológica, se for demais, depois de certo ponto transborda da sua psique e atinge sua espiritualidade. Se ele perder o poder, ele tende a não segurar toda essa estupidez. Agora ele sabe o que era, agora ele sabe que aquilo não era nada que valesse ser agarrado. E, seja como for, não há mais nada a segurar; o poder se foi, ele é um ninguém.

Por desespero, ele relaxa – talvez eu devesse dizer que o relaxamento lhe ocorre automaticamente. Ele agora consegue dormir, consegue fazer uma caminhada pela manhã. Pode fofocar, pode jogar xadrez, pode fazer qualquer coisa. Psiquicamente, ele se vê se afrouxando. As portas que ele havia mantido fechadas entre sua psique e o corpo começam a se abrir, e agora seu corpo vai começar a sofrer. Ele pode ter um ataque cardíaco, pode contrair algum tipo de doença; tudo é possível. Sua doença psíquica vai fluir para a parte mais frágil

do seu corpo. Mas quando ele está no poder ela flui para cima, na direção do seu ser, do qual ele não tem consciência.
E qual é a doença?
A doença é o complexo de inferioridade.
Qualquer um que esteja interessado no poder está sofrendo de um complexo de inferioridade. No fundo ele se considera sem importância, inferior aos outros. E certamente, de muitas maneiras, todos são inferiores. Você não é um Yehudi Menuhin[2], mas não há necessidade de se sentir inferior porque você nunca tentou ser e esta não é a sua área de ação. Yehudi Menuhin também não é você. Então qual é o problema, onde está o conflito? Não há nenhum.

Mas a mente do político sofre de uma ferida de inferioridade, e o político continua coçando a ferida. Intelectualmente, ele não é um Albert Einstein – ele se compara com os gigantes. Psicologicamente ele não é um Sigmund Freud... Se você se comparar com os gigantes da humanidade possivelmente vai se sentir bem pequeno, sem valor. Esse desvalor pode ser removido de duas maneiras: uma é por meio da religião e a outra é por meio da política. A política não o remove realmente, apenas o encobre. É o mesmo homem doente, o mesmo homem que estava se sentindo inferior, que se senta na presidência. Mas o simples fato de se sentar na cadeira como presidente, que diferença pode fazer na sua situação interior?

Meu primeiro conflito com o ex-primeiro-ministro da Índia, Morarji Desai, ocorreu exatamente em uma situação desse tipo. Um dos grandes monges jainistas era Acharya Tulsi. "O grande" para os jainistas, mas não para mim; para

---

[2] Yehudi Menuhin foi um dos maiores violinistas do século XX. (N.E)

mim ele é a pessoa mais falsa que você pode encontrar. Na verdade, compará-lo com qualquer outra pessoa falsa é muito difícil para mim – ele derrotará todas elas. Ele havia convocado uma conferência religiosa; era a comemoração anual dos jainistas, o aniversário de seu fundador. Morarji Desai foi convidado e eu também fui. Havia pelo menos 20 convidados de toda a Índia, desde pessoas de todas as religiões de todas as linhas de pensamento e de ideologia, e pelo menos 50 mil seguidores de Acharya Tulsi.

Antes da conferência, Acharya Tulsi saudou os convidados, os 20 convidados especiais. Isso deve ter ocorrido por volta de 1960, em um pequeno e belo lugar em Rajasthan, chamado Rajsamund. Lá havia um lago muito lindo, grande e poderoso, daí seu nome, Rajsamund. Samund, em rajastani, significa oceano, e Raj significa real. O lago é tão lindo que o nome lhe cai à perfeição. É um oceano real, grandioso como um imperador. As ondas nele são quase tão grandes quanto no oceano. É apenas um lago, mas não se consegue enxergar sua outra margem.

Ele nos chamou para o encontro com as 50 mil pessoas que estavam ali reunidas, apenas para sermos apresentados, e porque ele era o anfitrião que nos convidara para ir até lá. Mas desde o início houve problemas.

O problema era que ele estava sentado sobre um alto pedestal e todos os convidados estavam sentados no chão. Isso não foi um problema para ninguém, exceto para Morarji Desai, o político. Ele era o único político entre aquelas 20 pessoas. Uma delas era um cientista, D.S. Kothari, que era presidente da comissão de energia atômica da Índia; outra era reitor de uma universidade. Essas pessoas tinham vindo de diferentes locais, mas esse não foi um problema para mais ninguém.

Morarji disse: "Eu gostaria de iniciar a conversa". Ele estava sentado bem ao meu lado. Ele não sabia, nem eu, que agora estava se iniciando uma amizade que duraria a vida inteira. Ele disse: "A minha primeira questão é que o senhor é o anfitrião e nós somos os convidados. Os convidados estão sentados ao rés do chão e o anfitrião está sentado sobre um alto pedestal. Que tipo de cortesia é esta? Se o senhor fosse o orador, seria compreensível que se sentasse em um lugar mais elevado para que as pessoas pudessem vê-lo e ouvi-lo. Mas aqui há apenas 20 pessoas – e o senhor não está se dirigindo ao público, está apenas com conversa mole, apenas apresentando as pessoas umas às outras antes do início da conferência".

Acharya Tulsi ficou envergonhado. Teria sido muito fácil para uma pessoa *realmente* religiosa descer de onde estava e se desculpar. "Este foi realmente um erro muito idiota da minha parte". Mas ele não se moveu do lugar. Em vez disso pediu a um dos seus principais discípulos, que mais tarde se tornou seu sucessor, Muni Nathmal: "Você responde a questão".

Muni estava ainda mais constrangido, nervoso – o que dizer? Morarji Desai naquela época era ministro da fazenda da Índia e por isso eles o haviam convidado. Estavam fazendo esforços para criar uma universidade do jainismo, e ele era o homem indicado para o caso. Se ele tivesse boa vontade, então o dinheiro não seria problema. Muni Nathmal disse: "Não se trata de nenhuma descortesia para com os convidados: é que, segundo a nossa tradição, o chefe da seita senta-se em um lugar mais elevado. É apenas uma convenção que está sendo seguida, nada mais que isso. Ninguém deve se sentir insultado por isso".

Morarji não era uma pessoa fácil de ser silenciada por respostas desse tipo. Ele disse: "Nós não somos seus discípulos e o senhor não é o nosso chefe. Nenhuma destas 20 pessoas que estão aqui o reconhece como seu mestre ou chefe. O senhor pode se sentar no pedestal que quiser entre seus discípulos, seu séquito, seu povo – mas nós somos convidados. Em segundo lugar, o senhor se proclama um santo revolucionário; então, por que se prender a uma convenção, a uma tradição que é tão incivilizada, tão inculta?" Essa era uma das afirmações de Acharya Tulsi: que ele era um santo revolucionário.

Agora Nathmal ficou em silêncio, Acharya Tulsi ficou em silêncio e todos os outros convidados começaram a se sentir pouco à vontade: este não era um bom começo.

Perguntei a Morarji Desai: "Embora não seja da minha conta e não esteja nem um pouco preocupado com isso, mas vendo a situação... O senhor gostaria que eu lhe respondesse? Apenas para começar a conversa, para que esse grupo não termine em uma situação embaraçosa".

Ele disse: "Estou interessado na resposta. Sim, o senhor pode responder".

Então, eu lhe disse: "Algumas coisas: primeiro, há aqui mais 19 pessoas, o senhor não está aqui sozinho. Ninguém mais se incomodou em perguntar isso – por que só o senhor o fez? Isso não me ocorreu".

E eu perguntei às pessoas: "Ocorreu a algum dos senhores questionar isso? Se não ocorreu, por favor, ergam suas mãos". Todas as 18 mãos foram erguidas, para dizer que não lhes havia ocorrido.

Então, eu disse a Morarji: "O senhor foi a única pessoa que se sentiu atingida. O senhor deve estar carregando uma ferida, deve estar sofrendo de alguma inferioridade – o senhor é um caso psicológico. O senhor pode observar: o senhor conhece perfeitamente bem o Dr. D.S. Kothari, porque ele é presidente da comissão atômica da Índia; o senhor conhece estas outras pessoas proeminentes – ninguém se incomodou com isso".

E acrescentei: "O que importa isso? O senhor está vendo uma aranha andando no teto? Ela está mais alta do que Acharya Tulsi... Ficando em uma posição mais elevada, o senhor se torna maior? Mas de algum modo isso o magoa. Há uma ferida dentro do senhor que não foi curada sequer por ser o ministro da fazenda da Índia. O senhor gostaria de ser um dia o primeiro-ministro da Índia".

Ele ficou muito zangado. E disse: "O senhor está dizendo que eu estou psicologicamente doente?"

Eu respondi: "Certamente. Estas 18 mãos se ergueram por que motivo? Elas estão concordando comigo, estão dizendo: 'Este homem parece ser muito vulnerável no que diz respeito ao seu ego abalado'. O simples fato de um monge estar sentado em uma posição um pouco mais elevada o perturba".

E continuei: "Vamos supor, por exemplo, que Acharya Tulsi o convidasse para sentar com ele no alto pedestal" – e deixe-me lembrar-lhes de que mesmo assim Acharya Tulsi não o convidou. Eu disse: "Por exemplo, se ele o convidar e o senhor ficar no pedestal, o senhor fará a mesma pergunta novamente para as 18 pobres almas que estão sentadas no chão? Essa pergunta lhe surgirá?"

Ele disse: "Eu nunca pensei nisso. Talvez a pergunta não surgisse porque em centenas de encontros e conferências tenho sempre me sentado no pedestal alto, mas a questão nunca foi levantada".

Eu disse: "Isso deixa claro que não é uma questão de Acharya Tulsi estar sentado em uma posição mais elevada que a sua. A questão é por que o senhor está sentado em uma posição inferior à de Acharya Tulsi. Mude a pergunta para 'por que o senhor está sentado em uma posição inferior à de Acharya Tulsi' – era isso que o senhor deveria ter perguntado. Teria sido mais autêntico. O senhor está projetando a sua doença em outra pessoa.

"Mas talvez essa outra pessoa também esteja tão doente quanto o senhor, porque se eu estivesse no seu lugar... Bem, em primeiro lugar, eu não teria me sentado lá, se eu fosse o anfitrião e os senhores fossem meus convidados. Em segundo lugar, se por acaso, por alguma coincidência, eu estivesse sentado lá, no momento em que o senhor fez a pergunta eu teria descido. Isso teria sido uma resposta bastante significativa: 'Não há problema; isto é apenas uma convenção nossa e eu me esqueci de que os senhores são meus convidados, porque apenas uma vez por ano eu recebo convidados, mas todos os dias me reúno com meus discípulos. Portanto, perdoe-me e vamos iniciar a conversa para a qual estamos reunidos.'"

"Mas ele não desceu. Ele não tem coragem para isso. Ele está sentado lá quase morto, mal consegue respirar tal o medo que está sentindo. Ele não tem resposta – ele

O poder da política e da religião

pediu ao seu secretário para responder ao senhor. E a pergunta que o senhor levantou, à qual ele também deixou sem resposta, é que ele tem se proclamado um santo revolucionário. Ele não é nem um revolucionário nem um santo. Então, que resposta pode lhe dar? Mas a minha preocupação fundamental não é ele, a minha preocupação fundamental é o senhor. Esta é a mente do político que está sempre pensando em termos do inferior e do superior, em termos de poder."

É claro que Morarji Desai ficou furioso, e continuou furioso por anos e anos.

O ego é tão sutil e tão escorregadio. E o político é doente por causa do seu ego.

Mas agora há duas saídas: ou ele consegue cobrir a ferida e se tornar presidente, primeiro-ministro... Ele pode cobrir a ferida, mas a ferida permanece lá. Você pode enganar o mundo inteiro, mas como pode enganar a si mesmo? Você sabe que ela existe. Ela está ali, você só a disfarçou.

Estou me lembrando de uma história estranha. Ela aconteceu em Prayag, o verdadeiro local sagrado dos hindus, onde três rios se encontram. Você sabe que na Índia o país inteiro é tratado como um vaso sanitário; não há demarcação de onde exista ou não um vaso sanitário. Onde você conseguir encontrar um lugar, ali é o vaso sanitário.

Um brâmane, certa manhã bem cedo, foi tomar banho – e antes do banho ele foi defecar. Talvez estivesse com pressa, talvez estivesse com algum problema estomacal ou qualquer outra coisa, mas ele simplesmente foi até o ghat. "Ghat" é o lugar pavimentado onde as pessoas colocam suas roupas e vão tomar banho. Isso não é permitido;

ninguém o avisa, mas não é convencionalmente permitido que se defeque naquele lugar pavimentando onde as pessoas vão colocar suas roupas.

Mas o homem devia estar com algum problema. Eu posso entender, não duvido das suas intenções – nunca duvido da intenção de ninguém. Ele defecou ali e, quando estava terminando, viu pessoas chegando. Então ele simplesmente cobriu suas fezes com as flores que havia trazido para a adoração. O que mais ele poderia fazer?

As pessoas chegaram e perguntaram: "O que é isto?" E ele respondeu: "Um *shivalinga* – eu o estou adorando". E começou a adoração, e como um brâmane estava adorando, outros começaram a jogar suas flores também – um *shivalinga* tinha aparecido! Isso é considerado um grande milagre na Índia – quando qualquer estátua simplesmente aparece, ou quando se quer criar um milagre, esta é a maneira mais simples.

Outras pessoas começaram a entoar mantras. E o que dizer daquele homem... Ele estava se sentindo muito mal. Ele não só havia sujado o lugar, mas havia também mentido. Uma mentira gerou outra mentira, e agora o que ele ia fazer? Ele estava em adoração, e os outros estavam adorando também!

Mas como você pode esquecer? Há alguma maneira de esse homem esquecer o que está debaixo das flores?

A situação do político é igual – apenas pus, feridas, inferioridade, sensação de desvalor. Sim, ele tem subido cada vez mais alto, e a cada passo da escada a esperança era que no próximo passo a ferida seria curada.

A inferioridade gera ambição, porque a ambição significa simplesmente um esforço para você se provar

O poder da política e da religião

superior. A ambição não tem outro significado senão um esforço para você se provar superior. Mas por que fazer um esforço para se provar superior, a menos que esteja sofrendo de inferioridade?

Eu nunca votei na minha vida. Tive dois tios que participaram da luta pela liberdade da Índia e ambos foram presos. Nenhum deles conseguiu concluir sua educação porque foram capturados e presos. Um dos tios estava assistindo a uma aula na faculdade quando foi preso por ter participado de uma conspiração para destruir um trem, para bombardear uma ponte. Estavam fazendo uma bomba – ele estava estudando química e por isso costumava pegar no laboratório de química as coisas de que precisava para fazer a bomba. Foi preso quando ia fazer seu exame final, apenas dez dias antes. Então sua educação terminou, porque três anos depois, quando ele voltou, era tarde demais para recomeçar. Então entrou no comércio.

Meu tio mais velho estava no final do seu bacharelado quando foi preso, porque também fazia parte de uma conspiração contra o governo. Toda a minha família era constituída de políticos, com exceção do meu pai. Então, todos me perguntavam: "Por que você não se inscreve, por que não vota? E por que está desperdiçando suas energias? Se você as canalizasse para a política, poderia ser o presidente do país, podia se tornar primeiro-ministro do país".

Eu disse: "Vocês se esqueceram completamente de com quem estão falando. Eu não sofro de nenhuma inferioridade, então por que deveria estar interessado em me tornar o presidente do país? Por que deveria desperdiçar a minha vida me tornando o presidente do país? Isso é quase como se eu não estivesse com câncer e vocês quisessem que eu fosse operado de câncer – é estranho. Por que eu deveria ser operado desnecessariamente? Vocês sofrem de algum complexo de inferioridade e estão projetando em mim o complexo de inferioridade de vocês. Estou muito bem como estou. Sou absolutamente grato à existência, esteja onde estiver. Hoje, o que quer que aconteça será bom. Mais do que aquilo que eu nunca pedi; portanto, não há como eu ficar desapontado".

Eles disseram: "Você fala coisas estranhas! O que é esse complexo de inferioridade e o que ele tem a ver com a política!?"

Eu disse: "Vocês não entendem a psicologia simples nem seus grandes políticos entendem". Todos esses políticos que estão no topo do mundo são pessoas doentes; assim, um jeito é continuar ocultando a ferida. Sim, eles podem enganar os outros. Quando Jimmy Carter sorri vocês são enganados, mas como Jimmy Carter consegue enganar a si mesmo? Ele sabe que esse é apenas um exercício dos lábios. Não há nada mais dentro dele, não há sorriso.

As pessoas atingem o degrau mais alto da escada e então tomam consciência de que toda a sua vida foi um desperdício. Elas chegaram, mas aonde? Elas chegaram ao lugar pelo qual estiveram lutando – e não foi uma luta pequena; foi com unhas e dentes, e destruindo muitas pessoas, usando muitas pessoas como meio, e pisando sobre a cabeça delas. Você chega ao último degrau da escada, mas o que ganhou com isso? Você simplesmente desperdiçou toda a sua vida.

Mas até para aceitar isso é preciso uma enorme coragem. É melhor continuar sorrindo e mantendo a ilusão: pelo menos

O poder da política e da religião

outros acreditam que você é ótimo. Você sabe quem você é. Você é exatamente o mesmo que era – talvez pior, porque toda essa luta, toda essa violência o tornou pior. Você perdeu toda a sua humanidade. Você não é mais um ser. Isso está tão distante de você que Gurdjieff costumava dizer que nem toda pessoa tem uma alma, pela simples razão... Não que isso seja literalmente verdade, mas ele costumava dizer: "Nem todos têm uma alma; só algumas poucas pessoas, que descobriram que o seu ser tem alma – estas têm uma alma. As outras estão simplesmente vivendo na ilusão, porque as escrituras dizem, e todas as religiões pregam que você nasce com uma alma".

Gurdjieff era muito drástico. Ele disse: "Tudo isso é bobagem. Vocês não nascem com uma alma. Vocês têm de consegui-la, precisam merecê-la". E eu posso entender o que ele quer dizer, embora eu não diga que vocês não nasceram com uma alma.

Você nasce com uma alma, mas essa alma é apenas um potencial, e o que quer que Gurdjieff estivesse dizendo é a mesma coisa. Você tem de levar esse potencial à realidade. Você tem de consegui-la. Você tem de merecê-la.

O político reconhece isso quando toda a sua vida cai pelo ralo. Agora, ou tem de admitir isso... O que parece muito estúpido porque assim ele admitirá que toda a sua vida foi a vida de um idiota.

As feridas não são curadas pelo encobrimento. A religiosidade, a meditação é uma cura. A palavra meditação e a palavra medicação têm a mesma raiz. Medicação é para o corpo; o que a medicação é para o corpo a meditação é para a alma. É medicinal, é uma cura.

Você me pergunta se o político pode ser religioso. Permanecendo um político, isso é impossível. Poderá, se deixar a política; então ele não mais será um político – ele pode se tornar um homem religioso. Assim, não estou impedindo um político de se tornar religioso. O que estou dizendo é que, como político, ele não pode ser religioso, por que essas são duas dimensões diferentes.

Ou você disfarça a sua ferida ou a cura. Você não pode fazer as duas coisas ao mesmo tempo. E, para curá-la, você tem de descobri-la – não encobri-la. Descobri-la, conhecê-la, aprofundar-se nela, sofrê-la.

Para mim, esse é o significado da austeridade – não ficar exposto ao sol ou jejuar, ou se expor ao frio, no rio, durante dias; essa não é a maneira de você se curar. As pessoas que não sabem nada vão lhe dar todo tipo de conselho: "Faça isso e você será curado", mas isso não é uma questão de fazer algo. O que é necessário é uma exploração de todo o seu ser – sem preconceitos, sem condenação, porque você vai deparar com muitas coisas que lhe disseram serem más, perniciosas. Então, não recue diante delas: deixe que sejam o que são. Você simplesmente não precisa condená-las.

Você começou com uma exploração. Agora observa que existe algo aí, observe-o e vá em frente. Não condene, não nomeie. Não apresente nenhum preconceito contra ou a favor, porque é isso que o impede de explorar. Seu mundo interior se fecha imediatamente, você se torna tenso.

Você encontra algo mau? Você se aprofunda e vê algo, e teme que seja o mal – ambição, cobiça, raiva, inveja... E diz a si mesmo: "Meu Deus! Todas essas coisas estão dentro de mim! É melhor eu não me aprofundar".

O poder da política e da religião

Por isso milhões de pessoas não se aprofundam. Elas simplesmente se sentam na escada do lado de fora de casa. Ficam a vida inteira na varanda. É uma vida na varanda! Elas nunca abrem a porta de casa. E a casa tem muitos cômodos, é um palácio. Se você entrar nela, vai deparar com muitas coisas que outros lhe apontaram estar erradas. Você não sabe; simplesmente diz: "Sou um homem ignorante. Não sei quem são vocês aqui dentro. Entrei aqui apenas para investigar, para fazer uma pesquisa". E um pesquisador não tem de se importar com o que é bom e com o que é ruim; ele simplesmente continua olhando, prestando atenção, observando.

E você ficará surpreso diante dessa experiência tão estranha: que o que você até agora chamava de amor simplesmente tinha oculto atrás de si o ódio. Anote isso... O que você chamava até agora de humildade simplesmente escondia atrás de si o seu ego. Anote isso...

Se alguém me pergunta "Você é um homem humilde?", eu não posso dizer que sou, porque eu sei que a humildade é apenas o ego de cabeça para baixo. Eu não sou um egoísta, como posso ser humilde? Você me entende? É impossível ser humilde sem ter um ego. E uma vez que você tenha visto que os dois andam juntos, a coisa mais estranha acontece, como eu estava lhe dizendo. No momento em que você vê que o seu amor e o seu ódio, sua humildade e seu ego são uma coisa só, eles evaporam.

Você não tem de fazer nada. Você viu o segredo deles. Aquele segredo estava ajudando-os a permanecerem dentro de você. Você descobriu o segredo; agora não há lugar para eles se esconderem. Vá em frente, sempre em frente, e você vai encontrar cada vez menos coisas ali. As concentrações dentro de você vão murchando, as multidões vão desaparecendo. E não está tão distante o dia em que você será deixado só, e ali não há ninguém: o vazio está em suas mãos. E de repente você está curado.

Não faça comparações – porque você é você, e outra pessoa é outra pessoa. Por que eu iria me comparar a Yehudi Menuhin ou a Pablo Picasso? Não vejo nenhuma razão para isso. Eles fazem as coisas deles. Eu faço as minhas. Eles estão gostando de fazer as coisas deles... Talvez – porque sobre eles eu não posso ter certeza. Mas tenho certeza com relação a mim mesmo, que desfruto de qualquer coisa que esteja ou não fazendo.

Eu digo que não posso ter certeza com relação a eles, porque Pablo Picasso não era um homem feliz; na verdade, ele era muito infeliz. Suas pinturas mostram de tantas maneiras sua infelicidade interior, e ele derramou essa infelicidade em suas telas. E por que Picasso se tornou o maior pintor desta era? A razão é que esta era conhece mais o sofrimento interior.

Ninguém o consideraria um pintor 500 anos atrás. Teriam rido dele e o internado em um hospital psiquiátrico. E há 500 anos os hospícios não eram lugares fáceis de se estar. Eles faziam todo tipo de coisas – até espancamentos – porque achavam ser possível arrancar a loucura das pessoas. A loucura era considerada algo parecido a um mau espírito possuindo a pessoa. Um bom espancamento, todos os dias, e achavam que a loucura desapareceria.

Há 300 anos costumavam tirar o sangue do louco para que ele ficasse enfraquecido. Achavam que suas energias estavam

O poder da política e da religião

possuídas por um espírito mau, e que se tirassem suas energias o espírito mau iria embora porque não teria do quê se alimentar – ele se alimentava do sangue da pessoa. Isso lhes parecia lógico, e era aquilo exatamente o que faziam.

Ninguém teria considerado as pinturas de Picasso obras de arte. Só o século XX poderia acreditar que Picasso fosse um grande pintor, porque as pessoas estavam sofrendo, elas estavam um pouco alertas com relação ao sofrimento, à infelicidade interior – e esse homem colocou isso colorido em suas telas.

O que não se conseguia colocar sequer em palavras, Picasso conseguiu colocar em cores. Não se entende o que é, mas de algum modo se sente uma expiação profunda. As telas têm um apelo, desperta algo nas pessoas. Não é intelectual, porque não se consegue descobrir o que é, mas as pessoas permanecem paralisadas, observando, olhando, como se estivessem diante de um espelho e algo de dentro delas, das suas entranhas, estivesse ali. As pinturas de Picasso tornaram-se as maiores nesta época porque atuaram quase como um raio X. Elas trouxeram à tona a infelicidade das pessoas. Por isso eu digo "talvez". E sobre todo mundo mais, eu também só posso dizer "talvez".

Só sobre mim mesmo consigo ter certeza. Eu sei que se você continuar explorando o seu mundo interior sem condenação, sem apreciação, sem pensar em nada, apenas observando os fatos – eles começam a desaparecer. Chega um dia em que você está sozinho e toda a multidão desapareceu; e nesse momento, pela primeira vez, você sente o que é a cura psíquica. E a partir da cura psíquica abre-se a porta para a cura espiritual.

Você não precisa abri-la. Ela se abre sozinha. Você só precisa alcançar o centro psíquico e a porta se abre. Ela estava esperando por você, talvez por muitas vidas. Quando você chega, a porta imediatamente se abre, e daquela porta você não vê apenas você mesmo, você vê toda a existência, todas as estrelas, todo o cosmo.

Por isso eu posso dizer com certeza que nenhum político pode se tornar religioso a menos que abandone a política. Então ele não é mais um político, e o que estou dizendo não se refere a ele.

Você também me perguntou se um homem religioso pode se tornar um político. Isso é ainda mais impossível do que o caso anterior, porque não há razão alguma para que ele se torne um político. Se a inferioridade é a razão que direciona uma pessoa para a ambição, como um homem religioso se tornaria um político? Não há força direcionadora. Mas, uma vez ou outra, isso aconteceu no passado, e pode acontecer no futuro. Então, deixe-me explicar isso.

No passado, isso foi possível porque o mundo era dominado pela monarquia. De vez em quando, o filho do rei podia se revelar um poeta. É muito difícil um poeta se tornar o presidente dos Estados Unidos da América; quem vai ouvi-lo? As pessoas vão achar que ele é louco, e ele vai ser encarado como um hippie. Ele não consegue se moldar, e está tentando moldar o mundo todo!?

Mas no passado isso era possível devido à monarquia. O último imperador da Índia, a partir do qual os britânicos assumiram, era um poeta – por isso os britânicos conseguiram se apoderar da Índia. Era Bahadur Shah Zafar, um dos maiores poetas urdu. Atualmente não é possível um poeta se tornar um imperador; foi um acidente que ele tivesse nascido filho de um imperador.

As forças inimigas estavam entrando na capital e ele estava escrevendo poesia. O primeiro-ministro bateu na porta e disse: "Isto é absolutamente urgente... porque os inimigos entraram na capital!"

Bahadur Shah disse: "Não me perturbe. Estou escrevendo os quatro últimos versos. Acho que conseguirei terminar esses quatro versos antes de eles chegarem aqui. Não me perturbe". E continuou escrevendo, até terminar o poema. Isso era mais importante para ele.

E ele era um homem muito simples e bom. Ele saiu e disse: "Que absurdo é esse de matar pessoas!? Se vocês querem o país, tomem-no. Por que tudo isso? Eu estava sobrecarregado com todas as ansiedades; agora fiquem com elas. Deixem-me em paz".

Mas eles não o deixariam em paz porque se tratava de políticos e generais. Deixar este homem em Nova Déli era perigoso... Ele podia reunir suas forças, podia ter recursos – ninguém sabia. Eles o levaram da Índia para Burma. Ele morreu em Rangoon. Em seu último poema, que escreveu em seu leito de morte, ele disse: "Como eu sou pobre. Não consigo andar sequer dois metros na minha amada rua". Ele estava falando sobre a sua Nova Déli que ele amava, que havia criado; e, como era um poeta, fez a cidade mais bela que pôde. Ele disse: "Não posso andar sequer dois metros para ser enterrado na minha própria amada rua. Como você é infeliz, Zafar" – Zafar era o seu nome poético. "Como você é infeliz, Zafar."

Ele foi enterrado em Rangoon; eles nem sequer levaram seu corpo para Nova Déli. Ele insistiu: "Pelo menos quando eu morrer, levem meu corpo para minha cidade, para o meu país. Um cadáver não pode ser perigoso". Mas políticos e generais pensam diferente. Bahadur Shah era o imperador amado pelo povo. Vendo-o morto... poderia haver uma revolta, poderia haver problemas, e por que enfrentar problemas? Era melhor enterrá-lo ali em Rangoon. Ninguém soube durante anos que ele havia morrido.

Nos velhos tempos da monarquia era possível aparecer alguém no hemisfério ocidental como Marco Aurélio. Ele era um homem religioso, mas isso foi apenas acidental. Marco Aurélio não poderia se tornar um presidente ou um primeiro-ministro hoje porque ele não sairia pedindo votos; ele não imploraria – para quê?

Na Índia isso aconteceu algumas vezes. Ashoka, um dos grandes imperadores da Índia, era um homem religioso. Era tão religioso que, quando seu filho – seu único filho, que seria seu sucessor – lhe disse que queria ser um monge, ele exultou! E disse: "É por isso que eu estava esperando, que um dia você compreendesse". Então sua filha, sua única filha – ele só teve dois filhos, um filho e uma filha... Quando a filha, Sanghamitra, lhe disse que também queria ir para o mundo da meditação, ele disse: "Vá. Isso só me traz felicidade". Mas hoje isso é impossível.

Na Índia houve um grande rei, Poras; ele lutou contra Alexandre, o Grande. E você se surpreenderá ao ver como os livros ocidentais têm sido injustos com esse homem, Poras, quando na realidade Alexandre, o Grande, se torna um pigmeu diante dele.

Quando chegou à Índia, Alexandre armou uma cilada – ele era um político. Alexandre mandou sua esposa

O poder da política e da religião

se encontrar com Poras num determinado dia. Há um dia na Índia, o "dia das irmãs", em que a irmã amarra um fio no pulso do "irmão". Você pode ser seu irmão de verdade, pode não ser seu irmão de verdade, mas no momento em que ela amarra o fio no seu pulso, você se torna um irmão para ela. E se trata de um juramento duplo. O irmão diz: "Eu a protegerei". E a irmã diz: "Eu rezarei por sua proteção".

Naquele dia específico, Alexandre enviou sua esposa até Poras. Ele estava fora do reino de Poras. Há um rio que era a fronteira do reino de Poras; ele estava do outro lado, e lhe enviou sua esposa. Quando foi declarado na corte de Poras: "A esposa de Alexandre, o Grande, quer se encontrar com o senhor", ele saiu para saudá-la, porque na Índia isso era uma tradição. Mesmo que o inimigo entre em sua casa, ele é um convidado, e o convidado é um deus.

Ele a recebeu em sua corte, deu-lhe um trono para ela se sentar e disse: "A senhora poderia ter me avisado. Não era necessário que trilhasse um caminho tão longo".

Ela disse: "Eu vim para torná-lo meu irmão. Eu não tenho irmão, e ouvi dizer que hoje é o dia das irmãs; não pude resistir". Aquilo era apenas um jogo político! E Poras podia entender o que Alexandre e sua esposa sabiam sobre o dia das irmãs, e por que Alexandre esperou até esse dia para enviar sua esposa... Mas disse: "Perfeitamente. Se a senhora não tem nenhum irmão, eu sou seu irmão". Ela havia trazido um fio; amarrou-o em torno do pulso de Poras e ele tocou nos pés dela. O irmão tem de tocar os pés da irmã; não importa se ela é mais moça ou mais velha que ele. Havia naquela época um enorme respeito pelo sexo feminino, acompanhado por uma tremenda mordacidade contra as mulheres. Talvez a mordacidade tenha sido criada pelos monges e pelos sacerdotes, e o respeito, pelas pessoas religiosas.

Imediatamente, a esposa de Alexandre disse: "Agora o senhor é meu irmão, e espero que me salve. Mas a única maneira de me salvar é não matar Alexandre. O senhor gostaria que sua irmã permanecesse uma viúva por toda a sua vida?"

Poras disse: "Não há dúvida quanto a isso. A senhora não precisava falar sobre isso – está resolvido. Alexandre não será tocado. Agora, somos parentes".

E assim aconteceu... No dia seguinte, Alexandre atacou. Houve um momento da luta em que Poras abateu o cavalo de Alexandre; Alexandre caiu do cavalo e Poras estava montado em seu elefante. O elefante estava a ponto de colocar seus pés sobre Alexandre – e Alexandre estaria acabado. Poras, por hábito, sacou sua lança e estava indo matá-lo, quando viu o fio em seu pulso. Recolheu, então, sua lança e disse ao *mahout*, o homem que guia o elefante. "Afaste-se ... E informe a Alexandre que eu não vou matá-lo."

Esse era o momento em que Alexandre teria sido morto, e todo o seu desejo de conquistar o mundo teria terminado; toda a história teria sido diferente. Mas Poras era um homem religioso, um homem feito de um estofo diferente. Ele estava pronto para ser derrotado, mas não para romper um compromisso. E foi derrotado – perdeu a sua chance.

Poras foi trazido até a corte de Alexandre, uma corte temporária, com os pés e as mãos acorrentados. Mas pela maneira como ele andava... O próprio Alexandre lhe disse: "Você continua andando como um imperador, mesmo com os pés e as mãos acorrentados".

Poras disse: "Esta é a minha maneira de andar. E não tem nada a ver com eu ser imperador ou prisioneiro; é a minha maneira de andar. É assim que eu sou".

Alexandre perguntou-lhe: "Como gostaria de ser tratado?"

Poras disse: "Que pergunta! Um imperador deve ser tratado como um imperador. Que pergunta estúpida!"

Alexandre diz em suas anotações: "Nunca encontrei um homem como Poras. Ele estava acorrentado, aprisionado – eu poderia tê-lo matado imediatamente, naquele momento – mas a maneira como ele andava, a maneira como falava..."Alexandre ficou realmente impressionado. E disse: "Tirem suas correntes; ele continuará sendo um imperador em qualquer lugar. Devolvam-lhe o seu reino. Mas antes de nos despedirmos gostaria de lhe fazer uma pergunta. Quando você teve a chance de me matar, por que recolheu a lança? Mais um segundo e eu estaria acabado, ou seu elefante me teria esmagado, mas você impediu isso. Por quê?"

Poras disse: "Não me pergunte isso. Você sabe a resposta: você é um político, eu não sou. Este fio – você o reconhece? Você enviou este fio com sua esposa; agora ela é minha irmã e eu não posso matar meu próprio cunhado. Não posso torná-la uma viúva. Prefiro ser derrotado do que matá-lo. Mas você não precisa sentir nenhuma obrigação com relação a mim; esta é apenas a maneira como um homem realmente responsável deve se comportar".

Assim, no passado, isso era possível por causa da monarquia. Mas, com a monarquia, idiotas também se tornaram reis, loucos também se tornaram reis, tudo era possível. Por isso eu não apoio a monarquia, eu estou simplesmente dizendo que na monarquia um homem religioso podia, por acidente, se tornar um imperador.

No futuro, a democracia não vai durar muito porque o político já é ignorante diante do cientista; ele já está nas mãos do cientista. O futuro pertence ao cientista, não ao político. Isso significa que teremos de mudar a palavra "democracia". Eu tenho uma palavra para isso: "meritocracia".

O mérito será o fator decisivo. Não se você pode ganhar votos fazendo todo tipo de promessas, mas o seu mérito, o seu poder real no mundo científico vai decidir. E quando o governo for para as mãos de um cientista, então tudo será possível.

Eu tenho chamado a ciência de "religião objetiva" e a religião de "ciência subjetiva". Quando estiver nas mãos da ciência, o mapa do mundo será diferente – por que qual é a luta entre o cientista de um país e o cientista de outro país? Ambos estão trabalhando nos mesmos projetos; será muito mais rápido se eles trabalharem juntos. É pura estupidez que em todo o mundo os mesmos experimentos estejam sendo repetidos em todas as nações; é inacreditável! Todas essas pessoas trabalhando juntas podem fazer milagres. Divididas, tudo fica mais caro.

Por exemplo, se Albert Einstein não tivesse fugido da Alemanha, quem teria vencido a Segunda Guerra Mundial? Vocês acham que os Estados Unidos, a Grã-Bretanha e a Rússia teriam vencido a Segunda Guerra Mundial? Não. A fuga de um único homem da Alemanha – Albert Einstein – moldou a história. Todos esses nomes artificiais – Roosevelt, Churchill, Stálin, Hitler – não significam nada. Aquele homem fez a coisa toda porque criou a bomba atômica. Ele

O poder da política e da religião

escreveu uma carta para Roosevelt: "A bomba atômica está pronta comigo, e a menos que você a use, não haverá como pôr fim à guerra".

Ele lamentou isso durante toda a sua vida, mas essa é outra história. A bomba atômica foi usada – o Presidente Truman a autorizou – e no momento em que foi usada não havia mais dúvida sobre o Japão continuar lutando. A guerra foi vencida: o bombardeio de Hiroshima e Nagasaki pôs fim à Segunda Guerra Mundial. Albert Einstein estava trabalhando no mesmo projeto na Alemanha. Ele poderia ter escrito para destinatários diferentes – em vez de escrever para Roosevelt, poderia ter escrito para Adolf Hitler e toda a história teria sido diferente, totalmente diferente.

O futuro vai estar nas mãos dos cientistas. Ele não está longe. Agora há armas nucleares e nenhum político conseguirá permanecer no topo. Eles não conhecem nada a respeito disso, nem sequer o ABC.

Quando Einstein ainda estava vivo, foi dito que apenas 12 pessoas no mundo todo entendiam a sua teoria da relatividade. Uma dessas 12 pessoas era Bertrand Russell, que escreveu um pequeno livro para aqueles que não conseguiam entendê-la: *O ABC da relatividade*. Ele achava que eles podiam pelo menos entender o ABC – mas mesmo isso não é possível, porque, se você conseguir entender o ABC, todo o alfabeto se torna simples. Não é uma questão de apenas entender o ABC; então o XYZ não estaria tão distante. O real problema é entender o ABC.

Ora, todos esses políticos não entendem nada de nada. Mais cedo ou mais tarde o mundo vai estar nas mãos das pessoas que têm mérito. E primeiro ele vai passar para as mãos dos cientistas. Isso você pode considerar quase como uma previsão, que o mundo vai para as mãos dos cientistas. E então vai se abrir uma nova dimensão.

Mais cedo ou mais tarde o cientista vai convidar o sábio, o santo, porque ele não vai conseguir lidar com tudo sozinho. O cientista não consegue lidar consigo mesmo. Albert Einstein podia saber tudo sobre as estrelas do universo, mas não sabia nada sobre o seu próprio centro.

Este vai ser o futuro: dos políticos para os cientistas, dos cientistas para as pessoas religiosas – mas esse será um tipo de mundo totalmente diferente. As pessoas religiosas não vão pedir seu voto; você é que terá de lhes pedir. Você terá de solicitar os serviços delas. E se elas acharem que a solicitação é sincera e que existe a necessidade, elas poderão atuar no mundo. Mas lembre-se de que não haverá nenhum político.

Então, deixe-me repetir: o político pode se tornar religioso se ele abandonar a política; de outra forma é impossível.

O homem religioso pode se tornar parte da política se a política mudar todo o seu caráter; do contrário, é impossível um homem religioso estar na política. Ele não pode ser um político.

Mas, do jeito que as coisas estão indo, é absolutamente certo que, primeiro, o mundo vai para as mãos do cientista e, depois, do cientista vai para os místicos. E só nas mãos dos místicos você conseguirá estar seguro.

O mundo pode ser realmente um paraíso. Na verdade, não há outro paraíso, a menos que criemos um aqui.

4
O desafio da mudança

O verdadeiro homem de inteligência não se apegará a nenhuma ideologia – para quê? Ele não vai carregar uma enormidade de respostas prontas. Sabe que tem inteligência suficiente para, no caso de surgir qualquer situação, ele ser capaz de reagir a ela. Por que carregar uma carga desnecessária do passado? Qual o sentido disso? E, na verdade, quanto mais coisas você carregar do passado, menos será capaz de reagir ao presente, porque o presente não é uma repetição do passado; ele é sempre novo, sempre, sempre novo. Nunca é o velho; às vezes pode se parecer com o velho, mas a vida nunca se repete. Ela é sempre fresca, sempre nova, sempre em desenvolvimento, sempre explorando, sempre se movendo em busca de novas aventuras. Suas antigas respostas prontas não vão ajudá-lo. Na verdade, vão atrapalhá-lo; nunca lhe permitirão enxergar a situação nova.

Em tempos de incerteza, o melhor – e o pior – parece emergir nas pessoas. Você poderia comentar isso?

Não há "tempos de incerteza", porque o tempo é sempre incerto. É a dificuldade com a mente: a mente quer certeza, e o tempo é sempre incerto. Então, quando por pura coincidência a mente encontra um pequeno espaço de certeza, ela se acomoda. Uma espécie de permanência ilusória a envolve. Ela tende a esquecer a natureza real da existência e da vida e começa a viver em uma espécie de mundo de sonho; começa a confundir a aparência com a realidade. Isso parece bom para a mente, porque a mente está sempre temendo a mudança, por uma simples razão: quem sabe o que a mudança vai trazer, o bom ou o ruim? Uma coisa é certa: a mudança vai perturbar seu mundo de ilusões, expectativas, sonhos.

A mente é como uma criança brincando à beira do mar, construindo palácios na areia. Por um momento parece que o palácio está pronto – mas ele é feito de areia. A qualquer momento, apenas uma pequena brisa pode chegar e o palácio desmorona em pedaços. Mas começamos a viver naquele palácio de sonho. Começamos a sentir que encontramos algo que vai permanecer sempre conosco. Mas o tempo continuamente prossegue perturbando a mente. Parece inclemente, mas é mesmo muito compassivo com a existência para sempre permanecer com você. Ela não permite que você crie realidades a partir de aparências. Ela não lhe dá uma chance de aceitar máscaras como sua face real, sua face original.

Assim, sempre que o tempo derruba uma de suas acalentadas ilusões, parece que ele extrai o melhor e o pior na vida das pessoas. Mas ele simplesmente traz à tona o que estava oculto por trás da falsa permanência, por trás de um sonho que você aceitou tacitamente como sendo real. Ele simplesmente arranca a sua máscara. Não tem nada a ver com bom ou mau, melhor ou pior – ele simplesmente tira a sua máscara. Ele o expõe, obriga você a encarar a si mesmo; assim, o que quer que você estivesse reprimindo começa a aparecer. Pode ser o pior e pode ser o melhor.

O tempo não tem nada a ver com essas categorias. Ele simplesmente permite que o que você reprimiu venha à tona, ele coloca você diante de você mesmo.

A maioria das pessoas esconde o que tem de pior. É muito raro encontrar uma pessoa que esconda o que tem de melhor – por que ela esconderia o melhor? As pessoas estão sempre tentando se mostrar nas melhores cores; por que esconderiam o melhor? As pessoas simplesmente escondem o pior, achando que ele é feio. Acontece uma mudança, e sua máscara cai. Acontece uma mudança e, de repente, você se vê despido. Você perdeu suas roupas e toda a realidade se torna um espelho: de todos os ângulos sua nudez é refletida.

Sim, muito raramente, muito excepcionalmente, também ocorre de o melhor vir à tona. Mas o melhor só vem à tona naquelas pessoas que não têm uma máscara, que já estão nuas e que já aceitaram a sua nudez como bela e natural. Então, a mudança no tempo não pode destruir nada nelas; ao contrário, aprimora. Traz à luz algo que elas possam ter esquecido, que os outros possam ter esquecido. Tendemos a assumir as coisas tacitamente.

Assim, só em alguns poucos casos excepcionais o melhor vem à tona, quando uma pessoa tem vivido inocentemente, sem qualquer hipocrisia, quando uma pessoa está vivendo sabendo perfeitamente que nada aqui é certo, nada é permanente. Ela sabe que esperar essas coisas é criar um campo para suas próprias frustrações no futuro – é plantar sementes de desespero, de angústia, de ansiedade. Se você aceita que a mudança é a natureza da realidade, e que tudo vai mudar; se sabe disso a cada momento, que o próximo momento pode trazer algo totalmente novo e que qualquer coisa que é tão real neste momento vai se dispersar como uma nuvem – que estava aqui um momento atrás e agora não está mais –, se essa consciência estiver presente, então a mudança não cria dificuldade, então toda mudança é aceitável.

Você não resiste a ela; você não quer que seja diferente. Mesmo que aquilo o leve embora, leve embora seus belos sonhos, seus desejos acalentados, seus palácios não concluídos, não há frustração, porque foi aceito desde o início que a mudança pode acontecer a qualquer momento. Então não há conflito, não há frustração com a realidade. Você se sente à vontade.

Por isso eu digo que não há tempos difíceis, não há tempos de incerteza. O tempo é mudança, está sempre mudando. O problema é que continuamos tornando as coisas permanentes. Contra o tempo, vamos ser derrotados – e nós somos responsáveis. E, quando somos derrotados, naturalmente ficamos zangados, ficamos frustrados com a própria existência. Perdemos a nossa confiança. Parece que tudo está contra nós, e começamos a viver na paranoia, no medo – certo tremor espiritual penetra em nosso ser. Mas isso acontece porque estivemos esperando por algo que não faz parte da realidade.

A existência não tem obrigação de satisfazer nossas expectativas. Então, na maior parte das vezes é o pior que vem à tona, porque foi o que escondemos por trás de uma certa ideia de permanência. Estávamos vivendo com

O desafio da mudança

a ideia de que aquilo iria durar para sempre; então não havia necessidade de mudar. E, de repente, toda a terra desaparece debaixo de nossos pés – e naturalmente vem à tona o pior das pessoas.

O melhor também é possível, mas só é possível se você tiver vivido em sintonia com a vida, com a existência, sem pedir favorecimentos. E estamos sempre pedindo favorecimentos. Se não estivéssemos não haveria frustração, não haveria raiva.

Por exemplo, muitos que têm estado comigo têm sentido uma grande frustração com a própria vida porque se esforçaram muito, colocaram toda a sua energia na criação de um belo sonho, e, quando o estavam quase realizando, faltando apenas os toques finais, de repente, tudo desapareceu. Eles se sentem zangados, indignados, contra toda a existência – mas ela está simplesmente realizando a sua própria tarefa. Eu não me sinto frustrado – nunca olhei para trás por um único momento. Aqueles foram belos anos, vivemos muito bem, e esta é a natureza da existência: as coisas mudam. O que podemos fazer? Então estamos tentando fazer alguma outra coisa – que também vai mudar. Nada é permanente aqui. Exceto a mudança; tudo muda.

Assim, não tenho nenhuma queixa. Nem por um momento achei que algo havia dado errado... Porque, mesmo que tudo tivesse dado errado, para mim nada deu errado. É porque tentamos construir belos palácios com cartas de baralho. Vocês estão quase acabando e vem uma brisa e, sem saber que vocês estão construindo castelos de cartas, ela derruba todos eles. Talvez, com exceção de mim, todos fiquem frustrados. E ficam zangados comigo também, porque eu não estou frustrado, não estou me sentindo como eles. Isso os deixa ainda mais zangados.

Se eu também estivesse zangado, e também estivesse me queixando, e também estivesse tremendamente perturbado, eles teriam sentido um consolo. Mas eu não estou.

Nós desfrutamos de tudo que estávamos fazendo, e vamos desfrutar de qualquer coisa que venhamos a fazer — e as coisas vão continuar mudando sempre. Se essa lembrança estiver sempre presente como um farol, então você nunca ficará em tal estado achando que um tempo difícil, um tempo incerto, lhe trouxe o pior. Em primeiro lugar, nós nunca plantamos as sementes para isso.

É por isso que estou entre vocês, mas ainda assim algo de mim permanece estranho, estrangeiro. Pela simples razão de que eu vejo as coisas de uma maneira totalmente diferente; para mim, tudo é aceitável. Agora vai ser difícil fazer com que outro sonho se transforme em realidade, porque muitos daqueles que se esforçaram para fazer com que um sonho se tornasse realidade estarão em um estado de derrotismo. Estarão derrotados. Vão sentir que a realidade ou a existência não se importa com as pessoas inocentes que não estavam causando nenhum mal, que estavam simplesmente tentando fazer algo bonito. Mesmo com eles, a existência continua seguindo a mesma regra — ela não abre exceções.

Muitos *sannyasins* ficarão em um estado de derrotismo, acharão muito difícil fazer outro esforço novamente. Eles vão achar: "De que adianta? Vamos colocar nisso toda a nossa energia, as nossas expectativas, as nossas esperanças, e quem sabe? Amanhã tudo estará destruído apenas por

O desafio da mudança

qualquer coisinha". Eles vão achar que é melhor não ter esperanças, que é melhor não sonhar. É melhor ficar perdido na vida comum, onde as pessoas não sonham, onde as pessoas não têm esperança, onde as pessoas não criam, onde as pessoas continuam vivendo a vida cotidiana. Nessa vida você não se vê diante dessas frustrações. Essas frustrações só ocorrem quando se tenta alcançar a lua. E quando você quase a alcançou, de repente a lua desaparece, e você está mais distante dela do que jamais havia estado, mais distante do que antes de ter iniciado a jornada.

Posso ver que isso é doloroso, mas nós somos responsáveis pela dor. Parece que a vida não é justa, não é justa porque tirou um brinquedo de nossas mãos. Não devemos ser tão apressados em chegar a tais grandes conclusões. Deve-se esperar um pouco mais. Talvez seja sempre para o bem – todas as mudanças. Deve-se ter muita paciência. Deve-se dar à vida um pouco mais de corda.

E lembre-se sempre que a alegria não está em consumar algo; a alegria está naquilo que você desejou, que você desejou com total intensidade, que enquanto o realizava se esqueceu de tudo, do mundo todo – aquilo era o único foco de todo o seu ser. E aí deve estar a sua felicidade e a sua recompensa – não na consumação, não na permanência de algo. Nesse fluxo de mudança da existência, temos de encontrar em cada momento sua própria recompensa. Em tudo que estivemos fazendo, fizemos o melhor que pudemos; não perdemos o entusiasmo; não escondemos nada. Colocamos todo o nosso ser no ato. É aí que está o nosso êxtase.

Então, o que acontece com esses sonhos... Eles realmente são sonhos, e é um grande desafio transformar os sonhos em realidade. Mas nunca se deve esquecer de que, afinal, ele continua sendo um sonho – e mais cedo ou mais tarde desaparece. Se essa consciência estiver presente, então após cada mudança na sua vida você se verá tornando-se mais arguto, mais inteligente, mais maduro, mais alerta às nuances muito delicadas da existência – e com uma enorme aceitação do que quer que aconteça.

Durante toda a minha vida vi muitas coisas desaparecendo. Fiz mais amigos do que talvez qualquer um tenha feito. Mas alguém é um amigo hoje – amanhã acabou. Ele encontra algum caminho em uma encruzilhada e se separa. Mas eu tenho mantido sempre em mente que somos apenas viajantes – ninguém sabe quanto tempo alguém vai estar com você. Enquanto alguém estiver com você, dê-lhe o máximo de amor que puder, compartilhe o máximo que puder. Amanhã talvez você tenha de dizer adeus a essa pessoa.

Durante toda a minha vida eu tenho ido de um lugar para outro porque algo fracassou. Mas eu não fracassei. Milhares de sonhos podem fracassar – isso não faz de mim um fracasso. Ao contrário, cada sonho que desaparece me torna mais vitorioso porque isso não me perturba, nem sequer me atinge. Seu desaparecimento é uma vantagem, é uma oportunidade para aprender a amadurecer. Então vem à tona o que há de melhor em você. E o que quer que aconteça não vai fazer nenhuma diferença – o que você tem de melhor vai continuar se desenvolvendo para atingir picos mais altos.

Mas nunca tente ter sucesso contra o tempo, contra a vida, contra a existência. Permaneça sempre relaxado. Assim você nunca se sentirá derrotado, nunca ficará em um estado de fracasso. E não há nada a esconder, porque não há nenhum apego para tornar a coisa permanente – qualquer relacionamento, qualquer amizade, qualquer atividade, qualquer coisa; não há o desejo de se aferrar a nada enquanto acontecem as coisas que você desfruta. Você se abre, você permite que o essencial desses momentos preencha o seu ser e, quando esses momentos se forem, você se sentirá sempre grato, jamais queixoso.

Se os sonhos que desaparecem o deixarem em estado de gratidão, o que há de melhor em você irá crescer. Nesse estado de não derrota – cada vez que você faz algo, o tempo o modifica, a vida começa a fluir em uma direção diferente, começam a acontecer coisas que você não esperava... O desconhecido está continuamente entrando em nosso mundo e o perturbando. Mas ele só perturba porque você não o recebe bem. Se você conseguir receber bem o desconhecido, e puder deixar o conhecido partir... É sempre o conhecido que é perturbado pelo tempo – não o desconhecido.

O desconhecido não pode ser perturbado pelo tempo ou por qualquer coisa. Se você estiver pronto para receber bem o desconhecido, vai conhecer o segredo de permanecer vitorioso em todas as derrotas e em todos os fracassos. Os sonhos não importam. O que importa é como você sai desses sonhos frustrados, dessas grandes expectativas que desapareceram no ar, de tal modo que você não consegue encontrar nem mais suas pegadas.

Como você sai disso? Se sair disso sem um arranhão, então descobriu um grande segredo, encontrou a chave mestra. Então nada poderá derrotá-lo, nada poderá perturbá-lo, nada poderá deixar você furioso e nada poderá puxá-lo para trás. Você estará sempre caminhando para a frente, para o desconhecido, para enfrentar novos desafios. E todos esses desafios estarão aprimorando o que há de melhor em você.

> *Eu às vezes acho difícil estar no mundo lá fora, pois vejo como as pessoas são ásperas e como pisam umas nas outras. Isso me magoa muito, às vezes até fisicamente, e eu me sinto vulnerável como uma criança. Por favor, diga-me como lidar com isso.*

Há sempre problemas no mundo, e o mundo sempre esteve aí e o mundo permanecerá. Se você começar a tentar trabalhar com as circunstâncias mutáveis, pessoas mutáveis, pensando em um mundo utópico, mudando o governo, a estrutura, a economia, a política, a educação, você ficará perdido. Essa é a armadilha conhecida como política. É assim que muitas pessoas desperdiçam suas vidas. Seja claro com relação a isso: a única pessoa que você pode ajudar neste exato momento é você mesmo. Neste momento você não pode ajudar ninguém. Isso pode ser apenas uma distração, apenas um truque da mente. Olhe para os seus próprios problemas, olhe para as suas próprias ansiedades, olhe para a sua própria mente e, primeiro, tente mudá-la.

Isso ocorre com muitas pessoas: no momento em que se tornam interessadas em algum tipo de meditação, espiritualidade, imediatamente a mente lhes diz: "O que você está fazendo sentado aí em silêncio? O mundo precisa de você; há tantas pessoas pobres. Há muito conflito, violência, agressão. O que você está fazendo rezando no templo? Vá ajudar as pessoas".

Como você pode ajudar essas pessoas? Você é exatamente igual a elas. Você pode criar ainda mais problemas para elas, mas não pode ajudá-las. Por isso todas as revoluções sempre fracassaram. Nenhuma revolução foi ainda bem-sucedida, porque os revolucionários estão no mesmo barco. A pessoa religiosa é aquela que entende que "Eu sou muito minúsculo, sou muito limitado. Se, com esta energia limitada, eu conseguir mudar a mim mesmo, será um milagre". E se você puder mudar a si mesmo, se for uma pessoa totalmente diferente com uma nova vida brilhando em seus olhos e uma nova canção em seu coração, então talvez possa também ser útil aos outros, porque então terá algo a compartilhar.

Outro dia alguém me enviou uma história muito bonita sobre um incidente na vida de Basho. Basho é o maior poeta de haicai do Japão, o poeta mestre do haicai. Mas ele não foi apenas um poeta. Antes de se tornar poeta ele era um místico; antes de começar a derramar tão belos poemas, ele derramou-se profundamente em seu próprio centro. Ele era um meditador.

Conta-se que Basho iniciou uma jornada quando bem jovem. A jornada era um esforço para se encontrar. Não muito depois de tê-la iniciado, ouviu uma criança pequena chorando sozinha na floresta – talvez ele estivesse sentado sob uma árvore, meditando, ou tentando meditar, e ouviu uma criança pequena chorando sozinha na floresta. Ele meditou durante um longo tempo sobre o que fazer. Então pegou seus pertences e continuou o seu caminho, deixando a criança entregue ao seu próprio destino.

Ele registrou em seu diário: "Antes de fazer qualquer coisa por outra pessoa, primeiro a pessoa tem de fazer o que é necessário para si mesma".

Parece difícil de aceitar... Uma criança sozinha na floresta, chorando, e esse homem medita sobre se deve ou não fazer alguma coisa, se pode ajudar a criança, se será certo ajudá-la ou não. Uma criança, uma criança desamparada chorando na floresta, sozinha, perdida – e Basho medita sobre isso e finalmente decide. Como ele pode ajudar outra pessoa quando ainda não ajudou a si mesmo? Ele próprio está perdido numa floresta, ele próprio está solitário, ele próprio é infantil. Como pode ajudar alguém?

O incidente parece muito difícil de entender, mas é significativo. Não estou lhe dizendo para não ajudar uma criança na floresta, se a encontrar chorando e sozinha. Mas tente entender: sua própria luz não está acesa e você começa a ajudar os outros. Seu próprio ser interior está em total escuridão e você começa a ajudar os outros. Você próprio está sofrendo e começa a servir as pessoas. Você ainda não passou pela sua rebelião interior e se torna um revolucionário. Isso é simplesmente absurdo, mas essa ideia surge na mente de todo mundo. Parece tão simples ajudar os outros. Na verdade, as pessoas que realmente precisam se modificar sempre se tornam interessadas em mudar os outros. Isso se torna uma ocupação e elas conseguem se esquecer de si mesmas.

É isso que eu tenho observado. Tenho visto tantos assistentes sociais, e nunca vi uma única pessoa que tenha uma luz interior para ajudar alguém. Mas estão se esforçando muito para ajudar todo mundo. Estão buscando loucamente transformar a sociedade, as pessoas, a mente das pessoas, e se esqueceram completamente de que não fizeram o mesmo para si mesmas. Mas ficaram ocupadas.

Certa vez, um antigo revolucionário e assistente social estava passando um período comigo. Eu lhe perguntei: "Você está completamente absorvido no seu trabalho. Já pensou se aquilo que você realmente quer acontecesse por milagre, da noite para o dia? Se tudo o que você quer acontecesse, o que faria na manhã seguinte? Já pensou nisso?"

Ele riu – um riso muito vazio – mas depois ficou um pouco triste. Ele disse: "Se isso acontecesse, eu estaria perdido em relação ao que fazer depois. Se o mundo ficasse exatamente como eu quero que fique, então estaria perdido em relação ao que fazer. Poderia até mesmo me suicidar".

Essas pessoas estão ocupadas; essa é a obsessão delas. E escolheram uma obsessão que nunca poderá ser satisfeita. Então você pode continuar mudando os outros, vida após vida. Quem é você?

Este é também um tipo de ego: achar que os outros são ásperos uns com os outros, que estão pisando um no outro. A simples ideia de que os outros são duros lhe dá uma sensação de que você é muito suave. Não, você não é. Este pode ser um tipo particular de ambição – ajudar as pessoas, ajudá-las a se tornarem suaves, ajudá-las a se tornar mais bondosas, mais compassivas.

Kahlil Gibran escreveu uma pequena história:

Havia um cão – um grande revolucionário, se poderia dizer – que estava sempre ensinando aos outros cães da aldeia que "por causa dos seus latidos sem sentido nós não estamos nos desenvolvendo. Vocês desperdiçam suas energias latindo desnecessariamente".

Um carteiro passou e, de repente, todos os cães estavam latindo... Passou então um policial, um guarda de segurança. Os cães não gostam de uniformes, de nenhum tipo de uniforme, e são revolucionários. Imediatamente começavam a latir. O líder costumava lhes dizer: "Parem com isso! Não desperdicem energia porque essa mesma energia pode ser colocada em algo útil, criativo. Os cães podem dominar o mundo todo, mas vocês estão desperdiçando a energia sem nenhum propósito. Esse hábito tem de desaparecer. Ele é o único pecado, o pecado original".

Os cães sempre achavam que ele estava absolutamente certo; é lógico que ele estava certo: "Por que vocês continuam latindo? Isso está desperdiçando muita energia; vocês acabam cansados. Qual é a razão disso?" Eles podiam entender o que o líder queria dizer, mas também sabiam que eles eram apenas cães, pobres cães. O ideal era muito grande, e o líder era realmente um ótimo exemplo – porque tudo o que ele pregava ele fazia. Ele nunca latia. Era possível ver o seu caráter; tudo o que ele pregava também praticava.

Mas, pouco a pouco, eles foram se cansando daquela constante pregação. Um dia – era aniversário do líder – eles decidiram, como um presente, que pelo menos naquela noite eles resistiriam à tentação de latir. Pelo menos por uma noite eles respeitariam o líder e lhe dariam um presente. Ele ficaria muito contente se eles conseguissem fazer isso. Todos os cães se calaram naquela noite. Foi muito difícil, muito árduo. Era parecido com quando se está

O desafio da mudança

meditando; como é difícil parar de pensar. Era o mesmo problema. Eles pararam de latir, embora sempre tivessem latido. E não eram grandes santos, apenas cães comuns, mas se esforçaram muito. Foi muito, muito árduo. Eles ficaram escondidos em seus lugares com os olhos fechados, com os dentes cerrados, para não enxergarem nada, não ouvirem nada. Foi uma grande disciplina.

O líder caminhava pela aldeia. Ficou muito confuso: A quem pregar agora? A quem ensinar agora? O que aconteceu? O silêncio era absoluto. Então, já passada a meia-noite, ele ficou muito aborrecido... porque nunca havia realmente achado que os cães iriam ouvi-lo. Sabia muito bem que eles jamais o ouviriam, que era simplesmente natural os cães latirem. Sua exigência era absurda, mas os cães haviam parado de latir! Toda a sua liderança estava em jogo. O que ele ia fazer a partir do dia seguinte? Porque tudo o que ele sabia fazer era apenas ensinar. Toda a sua nobre função estava em jogo. Pela primeira vez ele entendeu que, pelo fato de estar constantemente ensinando, de manhã à noite, ele nunca sentiu a necessidade de latir. A energia estava tão envolvida na sua pregação, e essa era uma espécie de latido.

Mas naquela noite não havia ninguém em parte alguma para ser considerado culpado. O cão pregador começou a sentir um enorme ímpeto de latir. Afinal, um cão é um cão. Finalmente, ele foi para um beco escuro e começou a latir. Quando os outros cães perceberam que alguém havia rompido o trato, disseram: "Por que devemos sofrer?" Todos os cães da aldeia começaram a latir.

O líder voltou e disse: "Seus tolos! Quando vocês vão parar de latir? Por causa do seu latido continuamos sendo apenas cães. Do contrário teríamos dominado o mundo todo".

Lembre-se bem que um assistente social, um revolucionário, está pedindo o impossível – mas isso o mantém ocupado. E quando você está ocupado com os problemas dos outros, tende a se esquecer dos seus próprios problemas. Primeiro resolva esses problemas, porque essa é a sua primeira e fundamental responsabilidade.

Um famoso psicólogo comprou uma fazenda apenas por diversão. Toda vez que ele atirava sementes nos sulcos arados, um exército de corvos pretos aparecia e comia as sementes. Finalmente, engolindo o seu orgulho, o psicólogo foi pedir ajuda ao seu velho vizinho, Mulla Nasruddin.

O Mulla entrou no campo e fez todos os movimentos do plantio, mas sem usar nenhuma semente. Os corvos desceram, protestaram brevemente e voaram embora. No dia seguinte, depois no próximo, o Mulla repetiu o processo, fazendo os pássaros sempre irem embora, confusos e famintos. Finalmente, no quarto dia, ele jogou as sementes no campo; nenhum corvo se deu ao trabalho de ir até lá. Quando o psicólogo tentou agradecer ao Mulla, o Mulla murmurou: "Pura psicologia humana comum. Já ouviu falar dela?"

Lembre-se, esta é uma psicologia muito básica, muito comum: não meta o nariz no assunto dos outros. Se eles estiverem fazendo algo errado, caberá a eles perceberem. Ninguém mais conseguirá fazê-los perceber. A menos que eles decidam perceber que não há outra saída, você vai desperdiçar seu tempo e sua energia valiosos. Sua

O desafio da mudança

responsabilidade primordial é transformar seu próprio ser. E quando o seu ser estiver transformado, coisas começarão a acontecer naturalmente. Você se torna uma luz e as pessoas começam a encontrar seus caminhos com a ajuda da sua luz. Você não vai precisar fazer nada para fazê-las enxergar. Sua luz, brilhando ardentemente, será convite suficiente; as pessoas vão começar a procurá-lo. Qualquer um que precise de luz virá até você. Não há necessidade de ir atrás de ninguém, porque esse próprio movimento é tolo. Ninguém jamais mudou ninguém contra a sua vontade. Não é assim que as coisas acontecem. Isso é psicologia básica, comum; você já ouviu falar dela? Simplesmente, cuide de si.

É possível tentar mudar o mundo para salvá-lo, sem ser agressivo?

Isso já é agressivo. Até mesmo o esforço de mudar um único indivíduo é agressivo. Quem é você para decidir o que está certo para determinada pessoa? Quem é você para decidir que o mundo, se for mudado segundo as suas ideias, será um lugar melhor? Você está assumindo o papel de um salvador, e essa é uma maneira inconsciente de dominar as pessoas. É para o bem delas próprias, é claro, para que não se rebelem contra você.

Todos os pais fazem isso com os filhos. "Pelo próprio bem deles" eles os disciplinam, obrigando-os a fazer coisas que eles não querem fazer, impondo-lhes alguma religião sem o consentimento deles. De todas as maneiras possíveis, a liberdade deles está sendo cerceada. Quanto menos liberdade, menos individualidade... E, no momento em que o filho se tornou cem por cento obediente, ele morreu! A vida do filho estava em sua desobediência; em sua rebeldia estava o seu ser.

E não se pode dizer que as intenções dos pais são erradas. Eu nunca desconfio das intenções de ninguém, mas essa não é a questão. A questão é: qual é o resultado daquilo? A intenção é algo que está dentro de você – você pode ter todas as boas ou as más intenções – mas as mantenha para si mesmo. No momento em que começa a agir em função delas, as boas intenções tornam-se bem mais perigosas do que as más intenções. Uma má intenção pode ser imediatamente retaliada, condenada, não somente pela pessoa sobre a qual você a está impondo, mas até por aquelas que a estão testemunhando. Mas uma boa intenção é perigosa.

Ambas estão fazendo o mesmo trabalho: destruindo a liberdade do indivíduo de ser ele mesmo, de forma que a natureza dele de modo algum seja diferente daquilo que você quer. A rebelião é possível contra a má intenção e será apoiada por todos; mas contra as boas intenções a rebelião torna-se impossível. Todos apoiarão a pessoa com boas intenções que está destruindo o indivíduo. Ninguém virá para apoiar o indivíduo.

Não é função nossa salvar o mundo. Em primeiro lugar, nós nunca o criamos. Não é responsabilidade nossa para onde ele vai e o que vai acontecer com ele. Nossa única responsabilidade é que, enquanto estivermos aqui, vivamos uma vida de alegria, de amor, de felicidade. Enquanto estivermos aqui, a nossa responsabilidade é saber quem somos e em que consiste esta vida.

O desafio da mudança

E o milagre é que, ao fazer isso, você já está mudando o mundo sem ser agressivo. Não há em você nenhuma ideia de mudar o mundo e, assim, a questão da agressão não surge. Você não tem sequer uma vaga concepção de mudar o mundo e torná-lo como você acha que ele deveria ser. Você está simplesmente vivendo a sua vida, da qual você é dono. Você está tentando vivê-la da maneira mais intensa e total possível, porque a vida é muito curta e o momento seguinte é tão incerto que temos de encarar cada momento como se fosse o último.

Apenas a própria ideia – como se este fosse o último momento – vai transformá-lo. Então, não há necessidade de ter inveja, não há necessidade de sentir raiva. No último momento da vida, quem quer estar com raiva e com inveja, sentir-se triste e infeliz? No último momento da vida, naturalmente todos os ressentimentos e todas as queixas sobre a vida desaparecem. Se cada momento for encarado como o último – como ele deve ser encarado, porque o próximo é incerto – você estará mudando a si mesmo; e a sua mudança será contagiante. Ela pode mudar o mundo todo, embora nunca tenha pretendido isso.

Essa é a minha maneira de mudar o mundo sem ser agressivo. Até agora todos os reformadores, revolucionários, messias, foram violentos, agressivos. Eles estavam visando a salvá-lo. Nunca lhe perguntaram se você quer ou não ser salvo; você era apenas alguma coisa sobre a qual eles tinham de decidir. Quem lhes deu autoridade para isso? Eles nem sequer pediram sua permissão. E, se você não mudar segundo a maneira de eles verem as coisas, estão dispostos a atirá-lo para sempre em um inferno escuro, sombrio.

E, é claro, se você estiver disposto – disposto a cometer um suicídio espiritual e simplesmente se tornar uma sombra dessas pessoas –, elas estão lhe oferecendo todas as recompensas que você pode imaginar no Paraíso. Os hindus tentaram mudar o mundo, os cristãos tentaram mudar o mundo – todas as religiões têm tentado fazer isso. O comunismo, o socialismo, o fascismo, todos fizeram isso.

As pessoas que estão comigo têm de ser totalmente diferentes, têm de ser um novo fenômeno no mundo. Não vão interferir na vida de ninguém e, no entanto, vão transformar o mundo todo. Isso é mágica de verdade. Você não tem a intenção, não impõe, não interfere, não invade ninguém. Você não faz nenhum julgamento: "Você está errado e eu vou endireitá-lo". Você não está preocupado com isso; isso é problema dele, é a vida dele. Se alguém quiser destruí-la, tem o direito de destruí-la. Se alguém quer viver estupidamente, tem o total direito de fazer isso. É a vida dele. Como ele a vivencia, como ele a vive ou se ele permanece quase morto, adormecido do berço até o túmulo, essa continua sendo a vida dele e ele é dono dela. Por isso, aqueles que estão comigo não têm de interferir na vida de ninguém.

Eu tenho uma abordagem totalmente diferente para mudar o mundo: cada um mude apenas a si mesmo. E quando estiver rejubilando e dançando, vai ver que alguém ao seu lado começou a dançar com você, porque todos nós somos a mesma consciência humana com o mesmo potencial. Ninguém é estrangeiro. Podemos falar idiomas diferentes, mas entendemos uma linguagem. Então, quando você está feliz, sorrindo, o outro que pode não estar sorrindo de repente sente um sorriso surgir no rosto. Você pode ser um estranho, mas você sorriu para a pessoa, acenou para ela. Você mudou a pessoa sem que ela soubesse e sem que você tivesse essa intenção.

Grandes mestres – como Lao Tsé, Chuang Tsé, Lieh Tsé – chamaram isso de "ação sem ação". Você não está realizando nenhuma ação, mas algo está acontecendo. E quando as coisas acontecem por si mesmas, elas têm uma beleza, porque no fundo delas está a liberdade. Se a pessoa acenou, se a pessoa sorriu, você não está lhe pedindo que faça isso; ela é totalmente livre para não olhar para você. Mas há uma sincronicidade entre os corações.

Conhecendo esse segredo da sincronicidade, estou propondo um tipo de revolução totalmente novo. Mude a si mesmo, e nessa própria mudança você mudou uma parte do mundo. Você é uma parte do mundo. Se a sua mudança é algo que o torna rico, o torna alegre, o torna feliz, o torna uma canção, então é difícil aos outros resistir a cantar com você, dançar com você, florescer com você. Um único indivíduo pode transformar o mundo todo sem nem sequer mencionar a palavra "transformação".

Iniciei a jornada sozinho. Não bati na porta de ninguém chamando para virem comigo, mas, curiosamente, as pessoas começaram a vir e a caravana começou a se tornar cada vez maior. Elas vieram por si mesmas. Se vieram estar comigo, isso foi decisão delas; se quiserem ir embora, não há problema. Elas são tão livres como sempre.

Já iniciamos o processo da entrada do mundo em uma nova fase da história humana. Não somos agressivos; não estamos tentando mudar o mundo. Não estamos sequer interessados no mundo; estamos simplesmente vivendo a vida, desfrutando a vida — somos totalmente egoístas! Ainda assim, o que não aconteceu em milhares de anos é possível por meio de nós. Mas será uma ação sem ação, uma transformação que não foi intencional, que não foi imposta. Uma transformação que se disseminou sozinha, e as pessoas entenderão que isso aconteceu desse modo porque, no fundo, todos os corações falam a mesma linguagem.

> *O que eu posso fazer para ajudar um mendigo? Se eu lhe der um dólar ou não, ele vai continuar sendo um mendigo.*

O mendigo não é o problema. Se o mendigo fosse o problema, há muito tempo os mendigos já teriam desaparecido. O problema está dentro de você: seu coração sente. Tente entender.

A mente interfere imediatamente quando o coração sente amor. A mente interfere imediatamente. Ela diz: "Se você lhe der algo ou não, ele vai continuar sendo um mendigo". Se ele continua ou não sendo um mendigo, isso não é responsabilidade sua. Se o seu coração sente que você deve fazer alguma coisa, faça! Não tente evitar. A mente está tentando evitar a situação. A mente pergunta: "O que vai acontecer? Se ele vai continuar sendo um mendigo, então eu não preciso fazer nada". Você perdeu uma oportunidade em que o seu amor poderia ter fluído. Se o mendigo decidiu ser um mendigo, você não pode fazer nada. Você pode lhe dar dinheiro e ele pode jogá-lo fora. Cabe a ele decidir.

A mente é muito ardilosa.

Então o questionador indaga:

O desafio da mudança

Por que existem mendigos, afinal?

Porque não há amor no coração humano. Mas, novamente, a mente do questionador interfere:

Os ricos não têm tirado dos pobres? Os pobres não deveriam tomar de volta o que os ricos roubaram deles?

Agora você está se esquecendo do mendigo e da dor que sentiu no coração. Agora a coisa toda está se tornando política, econômica. Agora o problema não é mais do coração, é da mente. E a mente criou o mendigo! Foi a esperteza, foram os cálculos da mente que criaram o mendigo. Existem pessoas espertas, muito calculistas; elas se tornaram ricas. E há pessoas inocentes, não tão calculistas, não tão espertas; elas se tornaram os pobres.

É possível mudar a sociedade – na Rússia Soviética eles a mudaram e isso não fez diferença. As antigas categorias desapareceram – os pobres e os ricos –, mas surgiu uma nova categoria: o dominador e o dominado. Os espertos se tornaram os dominadores e os inocentes tornaram-se os dominados. Antes, os inocentes costumavam ser pobres e os espertos costumavam ser ricos. O que se pode fazer?

A menos que a divisão entre a mente e o coração desapareça, a menos que a humanidade comece a viver direcionada pelo coração e não pela mente, as classes vão continuar existindo.

A pergunta é muito relevante, muito significativa, importante: "O que eu posso fazer com um mendigo?" O mendigo não é o problema. O problema é você e o seu coração. Faça algo, qualquer coisa que possa fazer, e não tente jogar a responsabilidade para os ricos. Não tente jogar a responsabilidade para a história. Não tente jogar a responsabilidade para a estrutura econômica, porque isso é secundário. Se a humanidade continuar esperta e calculista, isso vai se repetir infinitamente.

O que você pode fazer a respeito? Você é uma pequena parte do total. O que você fizer não vai mudar a situação – mas vai mudar você. Pode não mudar o mendigo se você lhe dá algo, mas o simples gesto, o fato de ter compartilhado qualquer coisa que pudesse, vai mudar você. Isso é o importante. E se isso continuar – a revolução do coração, as pessoas que sentem, pessoas que olham para outro ser humano como um fim em si – se isso continuar aumentando, um dia os pobres vão desaparecer, a pobreza vai desaparecer e não vai ser substituída por uma nova categoria de exploração.

Até agora todas as revoluções fracassaram porque os revolucionários não foram capazes de enxergar a causa básica de por que existe pobreza. Eles estão olhando apenas para as causas superficiais. Imediatamente dizem: "Algumas pessoas têm explorado os pobres; por isso existe pobreza". Mas por que algumas pessoas foram capazes de explorá-los? Por que elas não conseguem enxergar isso? Por que não conseguem perceber que elas não estão ganhando nada e os pobres estão perdendo tudo? Elas podem acumular riqueza, mas estão matando a vida em toda parte. Sua riqueza não é nada além de sangue. Por que elas não conseguem enxergar isso? A mente esperta também cria explicações para isso.

A mente esperta pode dizer: "As pessoas são pobres por causa do seu karma. Nas vidas passadas elas fizeram algo errado, e por isso estão sofrendo. Eu sou rico porque fiz boas ações, e por isso estou desfrutando de riqueza". Isso também é mente. E Marx, sentado na Biblioteca do Museu Britânico, também é uma mente. Sua mente está pensando sobre qual é a causa básica da pobreza, e ele começa a perceber que há pessoas que exploram. Mas essas pessoas existirão sempre. A menos que a esperteza desapareça completamente, não adianta mudar a estrutura da sociedade. A questão é mudar toda a estrutura da personalidade humana.

O que você pode fazer? Você pode mudar, você pode expulsar as pessoas ricas, mas elas entrarão de novo pela porta dos fundos. Elas são espertas. Na verdade, aqueles que estão expulsando aquelas pessoas ricas também são muito espertos; do contrário não expulsariam ninguém. As pessoas ricas podem não conseguir entrar pela porta dos fundos, mas as pessoas que se dizem revolucionárias, comunistas, socialistas – elas vão se sentar no trono e então vão começar a explorar. E vão explorar mais perigosamente porque se provaram mais espertas que os ricos. Expulsando os ricos, elas provaram certamente uma coisa: que são mais espertas que os ricos. A sociedade estará nas mãos de pessoas ainda mais espertas.

E, lembre-se, se um dia alguns outros revolucionários nascerem – o que tem toda a probabilidade de acontecer, porque mais uma vez as pessoas vão começar a perceber que a exploração está ali, só que assumiu uma nova forma – de novo haverá uma revolução. Mas quem expulsará os revolucionários do passado? Agora pessoas ainda mais espertas serão necessárias. Sempre que você parte para derrotar determinado sistema e usa os mesmos meios que o sistema usou... Só os nomes vão mudar, as bandeiras vão mudar, e a sociedade vai continuar a mesma.

Chega dessa enganação. A questão não é o mendigo; a questão é você. Não seja astuto, não seja esperto. Não tente dizer que este é o karma dele – você não sabe nada sobre karma. Isso é apenas uma hipótese para explicar certas coisas que não são explicadas, explicar certas coisas que causam aflição. Uma vez que você aceita a hipótese, fica aliviado da carga. Então, você pode continuar rico e o pobre pode continuar pobre e não há problema. A hipótese funciona como um amortecedor.

Por isso na Índia a pobreza continuou tão enraizada e as pessoas se tornaram tão insensíveis a ela. Elas têm uma teoria que as ajuda. Assim como quando você dirige um carro e o carro tem amortecedores de choque e você não sente a aspereza da estrada, da mesma forma seus amortecedores vão absorvendo essa hipótese do karma. Esse é um grande amortecedor. Você cruza constantemente com a pobreza, mas há um amortecedor, a teoria do karma. O que você pode fazer? Não tem nada a ver com você. Você está desfrutando das suas riquezas por causa das suas virtudes e das boas ações realizadas no passado, e esse homem está sofrendo por causa das más ações que cometeu.

Há na Índia uma seita do jainismo, *Terapanth*. Eles são os crentes extremistas dessa teoria. Eles dizem: "Não interfira, porque ele está sofrendo devido aos karmas passados. Não interfira. Não lhe dê nada porque isso será uma interferência; ele poderia sofrer menos tempo, mas você estará retardando o processo. Ele tem de sofrer". Por exemplo, a um homem pobre você pode dar o suficiente para que ele viva confortavelmente durante alguns anos, mas depois desses anos o sofrimento recomeçará. Você pode lhe dar o suficiente para que viva confortavelmente nesta vida, mas de novo na próxima vida seu sofrimento recomeçará. Do ponto onde você o deteve, exatamente dali, o sofrimento recomeçará.

Assim, aqueles que acreditam no *Terapanth* continuam dizendo: "Não interfira. Mesmo que alguém esteja morrendo ao lado da estrada, simplesmente continue, indiferente, o seu caminho". Eles dizem que isso é compaixão; que, se você interfere, acaba adiando o processo do karma da pessoa. Que grande amortecedor! Na Índia, as pessoas se tornaram absolutamente insensíveis. Essas teorias astutas os protegem.

No Ocidente encontraram uma nova hipótese: que é porque os ricos exploraram os pobres; então, destruam os ricos. Olhe isso. Quando você olha para um homem pobre, o amor começa a crescer no seu coração. Você imediatamente diz que aquele homem é pobre por causa dos ricos. E você transforma o amor em ódio! Agora surge o ódio pelo homem rico. Que jogo você está jogando? Então você diz: "Vamos destruir os ricos! Vamos tirar tudo deles; eles são criminosos". Agora o mendigo foi esquecido; o coração não está mais cheio de amor. Ao contrário, ele está cheio de ódio... E o ódio criou a sociedade na qual o mendigo existe! Agora, mais uma vez, o ódio está atuando em você. Você vai criar uma sociedade em que as categorias podem mudar, os nomes podem mudar, mas haverá o dominador e os dominados, os exploradores e os explorados, os opressores e os oprimidos. Isso não vai fazer muita diferença; vai continuar tudo igual. Haverá os senhores e haverá os escravos.

A única revolução possível é a revolução do coração. Quando você vir um mendigo, permaneça sensível. Não permita que nenhum amortecedor se coloque entre você e o mendigo. Permaneça sensível. Isso é difícil porque você começará a chorar. É difícil porque será muito, muito desconfortável. Compartilhe o que puder compartilhar. E não se preocupe se ele vai continuar ou não um mendigo – você faz o que puder. E isso vai mudar você. Isso vai lhe dar um novo ser, mais próximo do coração e mais distante da mente. Esta é a sua transformação interior; e essa é a única maneira. Se os indivíduos continuarem mudando desta maneira, pode em algum momento surgir uma sociedade em que as pessoas sejam tão sensíveis que não consigam explorar, em que as pessoas se tornaram tão alertas e conscientes que não podem oprimir, em que as pessoas se tornaram tão amorosas que o simples fato de pensar em pobreza, em escravidão, é impossível.

Faça algo que venha do coração, e não seja uma vítima das teorias.

O questionador prossegue:

> *Você diz que devemos nos mover para o polo oposto; devemos escolher tanto a ciência quanto a religiosidade, a racionalidade e a irracionalidade, o Ocidente e o Oriente, a tecnologia e a espiritualidade. Posso escolher a política e a meditação? Posso escolher mudar o mundo e mudar a mim mesmo ao mesmo tempo? Posso ser ao mesmo tempo um revolucionário e um sannyasin?*

Sim, eu tenho dito repetidamente que é preciso aceitar as polaridades. Mas a meditação não é um polo. A meditação é a aceitação das polaridades, e mediante essa aceitação se vai além das polaridades. Portanto, não há oposto à meditação.

Tente entender. Você está sentado em seu quarto cheio de escuridão. A escuridão é o oposto da luz ou apenas a ausência de luz? Se ela for o oposto da luz, então tem existência própria. A escuridão tem existência própria? Ela é real do seu modo próprio, ou é apenas a ausência de luz? Se ela for uma realidade em si mesma, então quando você acender uma vela ela irá resistir. Irá tentar apagar a vela. Lutará por sua própria existência; resistirá. Mas ela não oferece nenhuma resistência. Ela nunca luta, nunca pode apagar uma pequena vela. A escuridão é vasta e a vela é pequena, mas a vela não pode ser derrotada por essa vasta escuridão. A escuridão pode ter prevalecido nessa casa durante séculos, mas se você trouxer uma pequena vela a escuridão não dirá: "Eu tenho séculos de idade e vou travar uma bela briga com você". Ela simplesmente desaparece.

A escuridão não tem realidade positiva; ela é simplesmente a ausência de luz; então, quando você traz a luz, ela desaparece. Quando você apaga a luz, ela aparece. Na verdade, ela nunca vai embora nem nunca chega, porque não pode. A escuridão é apenas a ausência de luz. Se a luz está presente, ela não está lá; se a luz está ausente, ela está lá. Ela é ausência.

A meditação é a luz interior. Ela não tem oposto, apenas ausência. Toda vida é uma ausência de meditação, como você a vive – a vida mundana, a vida do poder, do prestígio, do ego, da ambição, da cobiça. E é isso que a política é.

Política é uma palavra muito grande. Ela não inclui apenas os chamados políticos; ela inclui todas as pessoas mundanas, porque qualquer um que seja ambicioso é um político, e qualquer um que esteja lutando para chegar a algum lugar é um político. Onde houver competição há política. Trinta alunos estão estudando na mesma classe e se chamando de companheiros de classe – eles são inimigos de classe, porque estão competindo – eles não são companheiros. Estão todos tentando superar os outros. Estão todos tentando ganhar a medalha de ouro, ficar em primeiro lugar. A ambição está presente ali; eles já são políticos. Onde quer que haja competição e luta há política. Portanto, toda a vida comum tem uma orientação política.

Meditação é como a luz; quando a meditação chega, a política desaparece. Então, você não pode ser um meditador e um político; isso é impossível. Você está pedindo o impossível. A meditação não é um extremo de uma polaridade; é a ausência de todo conflito, de toda ambição, de todas as viagens do ego.

Deixe-me contar-lhe uma história sufi muito famosa. Um sufi disse: "Ninguém consegue entender o homem até se perceber a conexão entre cobiça, agrado e impossibilidade".

"Isso", diz seu discípulo, "é um enigma que eu não consigo entender."

O sufi diz: "Nunca procure o entendimento por meio de enigmas quando você pode chegar a ele mediante a experiência direta".

Ele levou o discípulo a uma loja no mercado próximo, onde eram vendidas túnicas. "Mostre-me sua melhor

O desafio da mudança

túnica", disse o sufi para o vendedor, "pois estou disposto a gastar muito."

O vendedor lhe mostrou uma túnica muito bonita, e um preço extremamente alto era pedido por ela.

"Isso é exatamente o tipo de coisa de que eu gostaria", disse o sufi. "Mas eu gostaria de algumas lantejoulas em torno do colarinho e alguns adornos de pele."

"Nada mais fácil", disse o vendedor de túnicas, "pois eu tenho uma túnica exatamente assim na oficina da minha loja."

Ele desapareceu por alguns minutos e então retornou, depois de ter acrescentado a pele e as lantejoulas na mesma túnica.

"E quanto custa esta?", perguntou o sufi.

"Vinte vezes o preço da primeira", disse o vendedor.

"Excelente", disse o sufi. "Vou levar as duas."

Ora, isso era uma impossibilidade, porque se tratava da mesma túnica! O sufi estava mostrando que a ganância tem em si certa impossibilidade; a impossibilidade é intrínseca à ganância.

Não seja muito ganancioso – porque esta é a maior ganância que existe: pedir para ser ao mesmo tempo um político e um meditador. Essa é a maior ambição possível. Você está pedindo para ser ambicioso e desprovido de tensão; está pedindo para lutar, ser violento, ser ganancioso, e ao mesmo tempo pacífico e relaxado. Se isso fosse possível não haveria necessidade de *sannyas* e, portanto, não haveria nenhuma necessidade de meditação. Você não pode ter as duas coisas. Quando você começa a meditar, a política começa a desaparecer. Com o desaparecimento da política, todos os efeitos dela também desaparecem. O estado de tensão, a preocupação, a ansiedade, a angústia, a violência, a ganância – todos desaparecem. Eles são subprodutos de uma mente política.

Você terá de decidir: ou você pode ser um político ou pode ser um meditador. Não pode ser ambos, porque, quando chega a meditação, a escuridão desaparece. Este mundo, o seu mundo, é uma ausência de meditação. E quando a meditação chega, este mundo simplesmente desaparece, como a escuridão. Por isso, aqueles que conhecem continuam dizendo que este mundo é ilusório, não é real. É ilusório como a escuridão: ele parece ser real, quando está ali, mas, quando você leva a luz para dentro dele, de repente toma consciência de que ele não era real – era irreal.

Olhe para a escuridão, como ela é real, como ela parece real. Ela está ali, cercando-o por toda a volta. E não só isso – você sente medo. O irreal cria medo. Ele pode matá-lo, e nem está sequer ali!

Traga a luz. Coloque alguém ao lado da porta para ver se ele vê ou não a escuridão indo embora. Ninguém jamais vê a escuridão indo embora e ninguém jamais vê a escuridão entrando; ela parece existir e não existe. O chamado mundo do desejo e da ambição, a política, só parece existir. Quando você medita, começa a rir de toda aquela bobagem; todo o pesadelo desapareceu.

Mas, por favor, não tente fazer essa coisa impossível. Se você tentar, vai viver em muito conflito; vai se tornar uma personalidade dividida. "Posso escolher tanto a política quanto a meditação? Posso escolher mudar o mundo e

O desafio da mudança

mudar a mim mesmo ao mesmo tempo?" Isso não é possível. Na verdade, você é o mundo. Quando você muda a si mesmo, começou a mudar o mundo – e não há outra maneira. Se você começar a mudar os outros não conseguirá mudar a si mesmo, e alguém que não consegue mudar a si mesmo não consegue mudar ninguém. Só consegue continuar acreditando que está realizando um ótimo trabalho, assim como seus políticos continuam acreditando.

Seus supostos revolucionários são todos pessoas doentes, pessoas tensas, pessoas loucas – insanas. Mas a insanidade deles é tal que, se elas ficarem entregues a si mesmas, vão ficar completamente loucas; por isso colocam a insanidade em alguma ocupação. Começam a mudar a sociedade, a reformar a sociedade, a fazer isto e aquilo... mudar o mundo todo. E a loucura deles é tal que não conseguem enxergar a estupidez disso. Você não mudou a si mesmo – como pode mudar as pessoas?

Comece mais perto de casa. Primeiro mude a si mesmo, primeiro leve a luz para dentro de si, e então você será capaz... Na verdade, dizer que então haverá alguma capacidade para mudar os outros não está certo. Na verdade, quando mudar a si mesmo você se tornará uma fonte de energia infinita, e essa energia espontaneamente mudará os outros. Não que você vá em frente e se esforce muito e se torne um mártir para mudar as pessoas; não, não é nada desse tipo. Você simplesmente permanece dentro de si mesmo, mas a própria energia, a pureza dessa energia, a inocência dela, a fragrância dela, irá se disseminando em ondas e atingirá todas as praias do mundo. Sem qualquer esforço da sua parte, tem início uma revolução tranquila. E a revolução é bela quando é sem esforço. Quando ela é realizada com esforço, é violenta, pois você está impondo suas ideias sobre outras pessoas.

Stálin matou milhões de pessoas porque era um revolucionário. Ele queria mudar a sociedade, e quem quer que estivesse de alguma maneira impedindo-o de fazê-lo tinha de ser morto e removido do caminho. Às vezes acontece de aqueles que estão tentando ajudá-lo começarem a agir contra você. Eles não se importam se você quer ser mudado ou não. Eles têm uma ideia de mudá-lo e vão mudá-lo independentemente da sua vontade. Não vão ouvi-lo. Esse tipo de revolução tem de ser violenta, sangrenta.

E uma revolução não pode ser violenta, não pode ser sangrenta, porque uma revolução tem de ser uma revolução de amor e partir do coração. Um verdadeiro revolucionário nunca vai a lugar algum para mudar alguém. Ele permanece enraizado em si mesmo, e as pessoas que quiserem ser mudadas irão até ele. Elas virão de terras distantes. Elas irão até ele. A fragrância as atinge de maneiras sutis, de maneiras desconhecidas, e então quem quiser mudar a si mesmo virá e buscará um revolucionário. O verdadeiro revolucionário permanece em si mesmo, disponível. É como um lago de água fria – quem estiver sedento irá buscá-lo; o lago não irá buscar você. O lago não irá correr até você. O lago não irá afundá-lo porque você não está sedento – algo do tipo: se você não ouvir e não beber a sua água, o lago irá afogá-lo.

Stálin matou muita gente. Os revolucionários têm sido tão violentos quanto os reacionários, e às vezes até mais.

Por favor, não tente fazer o impossível. Mude apenas a si mesmo. Não se preocupe com os outros. Eles também são seres, têm consciência, têm alma. Se eles quiserem mudar,

O desafio da mudança

ninguém os está impedindo. Continue sendo um lago de água fria. Se eles tiverem sede, irão até você. O frescor da sua água será o convite; a pureza da sua água será a atração.

"Eu posso ser um revolucionário e um *sannyasin* ao mesmo tempo?" Não. Se você é um *sannyasin*, você é uma revolução, não um revolucionário. Você não precisa ser um revolucionário; se é um *sannyasin*, você é uma revolução. Tente entender o que estou dizendo. Você não tem de ir mudar as pessoas, não tem de criar uma revolução em lugar nenhum. Você não tem de planejá-la – tem de vivê--la. Seu próprio estilo de vida é uma revolução. Para onde você olhar, o que quer que venha a tocar será uma revolução. A revolução será como uma respiração, espontânea.

Há outra história sufi que eu gostaria de lhes contar.

Perguntaram a um sufi muito conhecido: "O que é invisibilidade?" E ele disse: "Vou responder quando houver a oportunidade de uma demonstração".

Os sufis não falam muito. Eles criam situações. Então, o sufi disse: "Quando houver uma oportunidade, eu lhe darei uma demonstração".

Algum tempo mais tarde, o sufi e aquele que lhe fez a pergunta foram detidos por um grupo de soldados e os soldados disseram: "Temos ordens para levar todos os dervixes em custódia, pois o rei deste país diz que eles não obedecem aos seus comandos e dizem coisas que não conduzem à tranquilidade de pensamento do povo. Então vamos prender todos os sufis".

Sempre que aparece uma pessoa realmente religiosa, uma revolução, os políticos ficam muito temerosos, porque sua simples presença os enlouquece. Sua simples presença é suficiente para criar um caos. Sua simples presença é suficiente para criar a desordem, uma morte da antiga sociedade. Sua simples presença é suficiente para criar um novo mundo. Ela se torna um veículo. Ausente, completamente ausente no que se refere ao seu ego, ela se torna um veículo do divino. Os governantes, as pessoas espertas, sempre têm medo das pessoas religiosas, porque não pode haver perigo maior do que uma pessoa religiosa. Elas não têm medo dos revolucionários, porque suas estratégias são as mesmas. Não têm medo dos revolucionários, porque eles usam a mesma linguagem, sua terminologia é a mesma. Eles são iguais; não são diferentes.

Vá até qualquer sede do parlamento e observe os políticos. Todos os políticos que estão no poder, e todos os políticos que não estão no poder – eles são todos iguais. Aqueles que estão no poder parecem ser reacionários porque chegaram ao poder e agora querem protegê-lo. Agora querem mantê-lo em suas mãos; assim, parecem ser o *establishment*. Aqueles que não estão no poder falam em revolução porque querem derrubar aqueles que estão no poder. Quando chegarem ao poder vão se tornar reacionários, e as pessoas que estiveram no poder antes, mas que foram expulsos do poder, vão se tornar os revolucionários.

Um revolucionário bem-sucedido é um revolucionário morto, e um governante expulso do seu poder torna-se um revolucionário. E eles continuam enganando as pessoas. Quer você escolha aqueles que estão no poder, quer escolha aqueles que não estão no poder, não estará escolhendo pessoas diferentes. Elas têm rótulos diferentes, mas não há a menor diferença entre elas.

O desafio da mudança

Uma pessoa religiosa é um perigo real. Sua própria existência é perigosa, porque ela apresenta novos mundos. Os soldados cercaram o sufi e seu discípulo e disseram que estavam em busca dos sufis e que todos os sufis seriam presos, porque assim ordenara o rei: "O rei diz que os sufis, os dervixes, dizem coisas que não são bem-vindas e criam padrões de pensamento que não são bons para a tranquilidade da população".

O sufi disse aos soldados: "Então vocês devem fazer isso, porque precisam cumprir o seu dever".

"Mas vocês não são sufis?", perguntaram os soldados.

"Testem-nos", disse o sufi.

O soldado pegou um livro sufi e perguntou: "O que é isso?"

O sufi olhou para a capa com o título do livro e disse: "Algo que eu queimarei diante de vocês, uma vez que vocês ainda não o fizeram". Ele queimou o livro, e os soldados se afastaram, satisfeitos.

O companheiro do sufi perguntou: "Qual foi o propósito dessa ação?"

"Nós nos tornarmos invisíveis", disse o sufi. "Para o homem do mundo, a visibilidade significa que você se parece com algo ou com alguém com quem ele espera que você se pareça. Se você parecer diferente, sua verdadeira natureza se torna invisível para ele."

Um homem religioso vive uma vida de revolução, mas invisível – porque se tornar visível significa se tornar bruto, se tornar visível significa chegar ao degrau mais baixo da escada. Uma pessoa religiosa, um *sannyasin*, cria uma revolução dentro de si e permanece invisível. E essa fonte de energia invisível continua produzindo milagres.

Por favor, se você for um *sannyasin*, não há necessidade de ser um revolucionário. Você já é uma revolução. E eu digo uma revolução porque um revolucionário já está morto, um revolucionário já tem ideias fixas – um revolucionário tem uma mente. Eu estou falando de uma revolução – um processo. Um *sannyasin* não tem ideias determinadas; ele vive o momento. Ele reage à realidade do momento, não a ideias estabelecidas.

Apenas observe. Fale com um comunista e você verá que ele não o está escutando. Ele pode estar concordando com a cabeça, mas não está escutando. Fale com um católico, ele não o está escutando. Fale com um hindu, ele não o está escutando. Enquanto você está falando ele está preparando sua resposta – a resposta das suas ideias passadas, determinadas. Você pode ver no rosto dele que não há nenhuma resposta viva, apenas um embotamento e uma morte.

Fale com uma criança: ela o escuta, ela o escuta atentamente. Se ela realmente escutar, vai escutar atentamente. Se não escutar, é porque está absolutamente ausente; mas ela é total. Fale com uma criança e você verá a resposta viva, pura e fresca.

Um *sannyasin* é como uma criança, um inocente. Ele não vive a partir de suas ideias, não é um escravo de nenhuma ideologia. Ele vive a partir da consciência, vive a partir da atenção plena. Ele age aqui e agora! Não tem ontens e não tem amanhãs – só tem hoje.

Quando Jesus foi crucificado, um ladrão, que estava ao seu lado, disse-lhe: "Nós somos criminosos. Estamos crucificados, está certo. Podemos entender isso. Mas você parece inocente. Mas estou contente pelo simples fato de ser crucificado com você. Estou extremamente contente. Eu nunca fiz nada de bom".

Ele tinha se esquecido completamente de uma coisa. Quanto Jesus nasceu, os pais de Jesus estavam fugindo do seu país porque o rei havia ordenado um assassinato em massa de todas as crianças nascidas em determinado período. O rei havia sido informado, por seus sábios, que ia haver uma revolução, e isso seria perigoso. Era melhor preveni-la antecipadamente, tomar precauções. Então ordenou um assassinato em massa. Os pais de Jesus conseguiram escapar.

Certa noite, eles foram cercados por alguns ladrões – esse ladrão era um membro daquele grupo – que iam roubá-los e matá-los. Mas esse ladrão olhou para a criança, Jesus, e ele era tão belo, tão inocente, tão puro, tão puro como a própria pureza ... E um certo halo o envolvia. E esse homem deteve os outros ladrões e disse: "Deixe-os em paz. Olhem essa criança". E todos olharam para a criança e todos ficaram meio que hipnotizados. Eles não conseguiram fazer o que queriam fazer... E os deixaram em paz.

Esse foi o ladrão que tinha salvado Jesus, mas ele não sabia que esse era o mesmo homem. Ele disse a Jesus: "Eu não sei o que eu fiz, porque não fiz nenhuma boa ação. É impossível encontrar maior criminoso do que eu. Toda a minha vida foi uma vida de pecado – roubos, assassinatos, e tudo o que você possa imaginar. Mas estou feliz. Dou graças a Deus por estar morrendo ao lado de um homem inocente".

E Jesus disse: "Por se sentir tão agradecido, você estará comigo hoje no reino de Deus".

Agora, a partir dessa declaração os teólogos cristãos têm estado continuamente discutindo o que ele queria dizer com "hoje". Ele simplesmente queria dizer agora. Um homem religioso não tem ontens, não tem amanhãs, apenas hoje. Este momento é tudo.

Quando ele disse ao ladrão, "Hoje você estará comigo no reino de Deus", na verdade ele estava dizendo o seguinte: "Olhe! Você está pronto. Neste exato momento, por sua gratidão, por seu reconhecimento de pureza e inocência – por seu arrependimento –, o passado desapareceu. Estamos no reino de Deus".

Um homem religioso não vive das suas ideologias, ideias, conceitos fixos, filosofias. Ele vive neste momento. A partir de sua consciência ele responde ao que acontece. Ele está sempre novo como uma primavera, sempre novo, não corrompido pelo passado.

Então, se você é um *sannyasin*, você é uma revolução. Uma revolução é maior que todos os revolucionários. Os revolucionários são aqueles que pararam em algum lugar. O rio congelou, não flui mais. Um *sannyasin* está sempre fluindo. O rio nunca para – ele continua correndo sem parar, fluindo e fluindo. Um *sannyasin* é um fluxo.

5
O que eu posso fazer?

Se a humanidade continuar adormecida, se continuar inconsciente e hipnotizada, então o político pode permanecer no poder e o sacerdote pode continuar o explorando. Se a humanidade se tornar acordada, então não haverá necessidade desses sacerdotes e políticos. Não haverá necessidade de nenhum país, de nenhum Estado, e não haverá necessidade de nenhuma igreja, de nenhum Vaticano, de nenhum papa. A necessidade vai desaparecer. Haverá uma qualidade totalmente diferente na consciência humana.

Essa qualidade precisa nascer. Nós temos de chegar àquele ponto na evolução da consciência humana em que essa consciência se torne tremendamente necessária, desesperadamente necessária – essa nova consciência que torna o homem libertado da política e libertado da religião.

O que posso fazer para ajudar o mundo a se tornar um lugar melhor? Como as coisas estão agora, a ação política parece ser o único meio de lutar contra a injustiça no mundo. Você tem alguma visão de transformação que exclua a ação política?

Eu amo a vida em toda a sua totalidade. Meu amor não exclui nada; ele inclui tudo. Sim, a ação política também está incluída nele. Essa é a pior coisa a incluir, mas não posso evitar. Mas tudo o que está incluído na minha visão da vida está incluído com uma diferença.

No passado, o homem viveu sem consciência em todos os aspectos da vida. Ele amou sem consciência e fracassou – o amor só lhe trouxe infelicidade e nada mais. Ele fez todos os tipos de coisas no passado, mas tudo se comprovou um inferno. O mesmo aconteceu com a ação política.

Cada revolução se transforma em antirrevolução. É chegada a hora de entendermos como isso acontece, por que isso acontece – por que cada luta contra a injustiça no final se transforma na própria injustiça, se torna antirrevolucionária. No século XX isso aconteceu repetidas vezes – não estou falando de um passado distante. Isso aconteceu na Rússia, aconteceu na China. E vai continuar a acontecer se continuarmos a agir da mesma antiga maneira. A inconsciência não consegue produzir mais que isso.

Quando você não tem poder, é fácil lutar contra a injustiça. No momento em que você se torna poderoso, esquece tudo a respeito da injustiça. Então, desejos reprimidos de dominar se impõem. Então o seu inconsciente assume e você começa a fazer as mesmas coisas que eram feitas antes pelos inimigos contra os quais você tem lutado. E você tinha arriscado sua própria vida por aquilo.

Lord Acton diz que o poder corrompe. Isso só é verdadeiro em um sentido; em outro é absolutamente falso. É verdade se você olhar para a superfície das coisas; o poder certamente corrompe. Quem quer que se torne poderoso

O que eu posso fazer?

torna-se corrupto. Factualmente isso é verdadeiro, mas se você mergulhar bem fundo no fenômeno então isso não é verdadeiro.

O poder não corrompe: são as pessoas corruptas que se tornam atraídas pelo poder. São as pessoas que gostariam de fazer coisas que não podem fazer enquanto não estão no poder. No momento em que estão no poder, toda a sua mente reprimida se impõe. Agora não há nada para atrapalhá-las, nada para impedi-las; agora elas têm o poder. O poder não as corrompe, ele apenas traz à tona a sua corrupção. A corrupção estava ali como uma semente; agora ela brotou. O poder só proporcionou a estação certa para ela brotar; o poder é a primavera para as flores venenosas da corrupção e da injustiça que existem em seu ser.

O poder não é a causa da corrupção, mas apenas a oportunidade para a sua expressão. Por isso eu digo que basicamente, fundamentalmente, Lord Acton está errado.

Quem se torna interessado em política? Sim, com belos *slogans* as pessoas entram nela, mas o que acontece com essas pessoas? Joseph Stálin estava lutando contra a injustiça do czar. O que aconteceu? Ele próprio se tornou o maior czar que o mundo já conheceu, pior que Ivan, o Terrível! Hitler costumava falar sobre o socialismo. Ele chamou seu partido de Partido Nacional Socialista. O que aconteceu quando o socialismo assumiu o poder? Tudo isso desapareceu.

A mesma coisa aconteceu na Índia. Mahatma Gandhi e seus seguidores falavam em não violência, amor, paz e todos os grandes valores cultivados em todas as épocas. E quando o poder veio, ele escapou. O próprio Mahatma Gandhi escapou, porque teve consciência de que se assumisse o poder em suas mãos ele não poderia mais ser o mahatma, o sábio. E seus seguidores que assumiram o poder, todos se mostraram tão corrompidos quanto em qualquer outro lugar – e todos eles eram boas pessoas antes de assumirem o poder, grandes servos do povo. Eles se sacrificaram muito. Não eram de modo algum pessoas ruins; de toda maneira possível eram pessoas boas. Mas até as pessoas boas se tornam pessoas ruins – isso é algo fundamental a ser entendido.

Eu gostaria que as pessoas vivessem a vida em sua totalidade, mas com uma condição absoluta, uma condição categórica, e essa condição é a consciência, a meditação. Antes penetre profundamente na meditação para poder limpar o seu inconsciente de todas as sementes envenenadas, para que nada seja corrompido e não exista nada dentro de você que o poder possa trazer à tona. Então, faça qualquer coisa que você sinta que gostaria de fazer.

Se você quer ser um pintor, torne-se um pintor. Sua pintura terá uma diferença; não será como a de Picasso. As pinturas de Picasso são insanas – ele é insano! Na verdade, se ele tivesse sido impedido de pintar teria acabado em um hospício. Através de suas pinturas ele faz sua catarse, jogando sua insanidade nas telas, livrando-se dela. Sim, ele se sente melhor. É uma espécie de vômito; depois que você vomita, você se sente melhor, mas e quanto aos outros que olham o seu vômito? Mas o mundo é tão estúpido que, se Picasso vomita, as pessoas dizem: "Que pintura maravilhosa – algo nunca visto antes, algo único!"

Vincent van Gogh realmente enlouqueceu, teve de ser hospitalizado e depois cometeu suicídio. E ele tinha

O que eu posso fazer?

apenas 37 anos. Que tipo de pinturas esse homem esteve fazendo? Certamente ele tinha a arte, a habilidade, mas a arte e a habilidade estavam nas mãos de um homem louco, suicida. Observando suas pinturas você se sente inquieto, pouco à vontade. Tenha um quadro de Picasso em seu quarto e você terá pesadelos!

Um meditador pode se tornar um pintor, mas então algo totalmente diferente vai sair dele – algo do além, porque ele conseguirá captá-lo. Ele pode se tornar um dançarino; sua dança terá uma qualidade nova, ela permitirá que o divino seja expressado. Ele pode se tornar um músico... ou pode ingressar na ação política, mas sua ação política estará enraizada na meditação. Por isso não se temerá que saia, de dentro dele, um Josef Stálin, um Adolf Hitler ou um Mao Tsé Tung; isso seria impossível.

Eu não digo a ninguém para seguir determinada direção; deixo as pessoas que estão comigo totalmente livres. Simplesmente ensino-lhes a meditar. Ensino-lhes a ficarem mais alertas, mais conscientes, e daí em diante tudo cabe a elas. Qualquer que seja o seu potencial natural, elas vão descobri-lo – mas isso vai acontecer com consciência. Então não há perigo.

Não sou contra a ação política – não sou contra nada. Não sou um negador da vida; eu afirmo a vida, sinto um amor absoluto pela vida. E, é claro, enquanto milhões de pessoas estiverem na Terra, sempre haverá um tipo ou outro de política. A política não pode simplesmente desaparecer. Isso seria como dissolver a polícia, os correios, as ferrovias – isso criaria um caos. Não sou um anarquista e não sou a favor do caos. Quero que o mundo seja mais belo, mais harmonioso, mais como um cosmos do que como um caos.

Às vezes eu elogio o caos, mas apenas para destruir aquilo que está podre. Também elogio a destruição, mas apenas para criar. Sim, às vezes sou muito negativo – sou contra as convenções, as conformidades, as tradições – apenas para torná-lo tão livre que você possa criar novas visões, novos mundos, para que não precise permanecer aprisionado no passado, para que possa ter um futuro e um presente. Mas não sou destrutivo. Todo o meu esforço está voltado a ajudá-lo a ser criativo.

Algumas das pessoas que estão comigo estão querendo ingressar na ação política, mas só apoiarei isso quando elas tiverem satisfeito a condição básica: quando estiverem mais alertas, conscientes, quando seu ser interior estiver repleto de luz. Então elas poderão fazer o que quiserem – não poderão causar dano ao mundo. Então trarão algo bom, algo belo; serão uma bênção para o mundo. Sem essa consciência, mesmo que você faça algum bem, este vai se transformar em algo prejudicial.

Madre Teresa de Calcutá recebeu o Prêmio Nobel. Isso foi uma coisa totalmente estúpida! O Comitê do Prêmio Nobel nunca fez nada tão tolo antes – mas, na superfície, parece belo. Foi elogiado por todo o mundo o fato de eles terem feito algo maravilhoso.

J. Krishnamurti não recebeu um Prêmio Nobel – e ele foi um dos raros seres humanos, daqueles poucos budas que realmente lançaram as bases para a paz mundial. E Madre Teresa recebeu o Prêmio Nobel pela paz mundial! Não entendo o que ela fez pela paz mundial. George

O que eu posso fazer?

Gurdjieff não recebeu um Prêmio Nobel e trabalhou arduamente para transformar o núcleo central dos seres humanos; Ramana Maharshi nunca recebeu o Prêmio Nobel. É porque o trabalho deles era invisível – o trabalho de trazer mais consciência às pessoas. Quando você alimenta as pessoas, isso é visível, quando veste as pessoas, isso é visível, quando dá remédios às pessoas, isso é visível. Quando traz a consciência divina para as pessoas, isso é absolutamente invisível.

Madre Teresa estava realizando algo bom apenas na superfície – servindo os pobres de Calcutá, os desgraçados, os doentes, os idosos, os órfãos, as viúvas, os leprosos, os aleijados, os cegos. Era tão óbvio que ela estava fazendo algo bom! Mas basicamente o que ela estava fazendo era consolar essas pessoas. E dar consolo aos pobres, aos cegos, aos leprosos, aos órfãos, é um ato antirrevolucionário. Consolá-los significa ajudá-los a permanecerem ajustados à sociedade vigente, a permanecerem em sintonia com o *status quo*. O que ela estava fazendo era antirrevolucionário. Mas os governos estavam felizes, os ricos estavam felizes, os poderosos estavam felizes, porque ela realmente não estava servindo aos pobres e aos cegos. Ela estava servindo aos investimentos de interesse, estava servindo aos padres, aos políticos e aos poderes; estava ajudando-os a permanecerem no poder. Estava criando uma atmosfera em que o velho podia continuar.

Na Índia jamais aconteceu nenhuma revolução contra os poderosos, os ricos, os opulentos, pela simples razão de que a Índia é um país supostamente religioso e, então, há muitos consoladores. Centenas de milhares de monges hindus estão consolando as pessoas, dando-lhes explicações para a razão de eles serem pobres, de serem cegos, de serem aleijados: é por causa dos seus karmas passados! Eles fizeram algo ruim em suas vidas passadas, e por isso estão sofrendo. "Sofram em silêncio, não reajam" – é o que esses monges ensinam a essas pessoas, "porque se reagirem, se fizerem algo novo, novamente irão sofrer em sua próxima vida. Não percam esta oportunidade, deixem que as contas sejam quitadas. Desta vez comportem-se bem!" E, é claro, ser um revolucionário não é algo bom. Seja obediente – isso é bom –, não seja desobediente. A desobediência é algo do mal, é pecado. Os cristãos chamam-na de pecado original.

Qual foi o pecado de Adão e Eva? Só o fato de terem desobedecido a Deus. Não parece haver tanto pecado nisso. Comer o fruto da árvore do conhecimento não é um pecado. Por que deveria ser chamado de pecado original? Foi chamado de pecado original porque eles desobedeceram. Desobedecer é o maior pecado aos olhos dos sacerdotes.

Durante dez mil anos na Índia esses sacerdotes e os monges vêm ensinando às pessoas: "Sejam obedientes ao sistema que está no poder. Não desobedeçam; do contrário, vão sofrer no futuro". Por isso nunca houve nenhuma revolução, e esses monges e sacerdotes são muito elogiados.

Atualmente, os missionários cristãos estão fazendo a mesma coisa em todo o mundo: servindo aos pobres, aos aleijados. Estão dizendo a essas pobres pessoas: "Sofram em silêncio – isso pode ser um teste que Deus criou para vocês. Vocês têm de cruzar este fogo, só então se tornarão ouro puro". Os missionários cristãos são antirrevolucionários.

O que eu posso fazer?

Por que eles estão servindo a essas pessoas pobres? Por cobiça: eles querem atingir o Paraíso, e a única maneira de atingir o Paraíso é mediante o serviço. Às vezes eu penso no que aconteceria se não houvesse ninguém aleijado, cego, pobre; o que aconteceria com os missionários cristãos? Como eles atingiriam o Paraíso? A própria escada desapareceria! Eles perderiam o barco, não haveria possibilidade de chegar à outra margem. Esses missionários cristãos gostariam que a pobreza continuasse, gostariam que essas pessoas pobres permanecessem na Terra. Quanto mais pobres houver, mais oportunidades eles terão de servir e, é claro, mais pessoas conseguirão atingir o céu. Dar o Prêmio Nobel à Madre Teresa é dar o Prêmio Nobel a atos antirrevolucionários.

Mas é assim que sempre tem acontecido: vocês elogiam aquelas pessoas que de algum modo confirmam o antigo, o morto, que ajudam a sociedade a continuar como ela é.

Meu trabalho é invisível. Na verdade, eu estou ensinando, de uma maneira indireta, a maior revolução possível. Estou lhes ensinando a rebelião, e essa rebelião é multidimensional. Onde quer que você vá, essa rebelião terá o seu impacto. Se ingressar na poesia, você escreverá poesia rebelde. Se ingressar na música, você criará um novo tipo de música. Se dançar, sua dança terá um tom diferente. E se ingressar na política, você mudará toda a face da própria ação política.

Eu não sou contra a ação política, mas a maneira como ela tem acontecido até agora é totalmente desprovida de significado. Por isso, na superfície, ninguém consegue ver que eu esteja envolvido em alguma atividade política, ninguém consegue ver que esteja envolvido em qualquer tipo de atividade terrena. Estou ensinando as pessoas a se sentarem em silêncio, observarem seus pensamentos, saírem de suas mentes. O revolucionário estúpido vai achar que eu sou contra a ação política, que sou um reacionário. E o que acontece é exatamente o inverso. Devido à sua estupidez – embora ele possa falar sobre revolução –, o que ele está fazendo é ser reacionário. Ele puxará a sociedade para trás.

Não estou fazendo nada que possa ser chamado de político, social: não sou a favor de reforma social ou política. Pelo menos aparentemente eu pareço uma pessoa que tende a fugir da realidade e que está ajudando as pessoas a fugirem dela. Sim, estou ajudando as pessoas a fugirem para elas mesmas.

Fuja de todos os tipos de atividades não inteligentes. Primeiro aguce a sua inteligência. Deixe uma grande alegria surgir em você. Torne-se mais atento, tanto que nem mesmo um cantinho em seu ser continue escuro. Deixe o seu inconsciente ser transformado em consciência.

Então faça qualquer coisa que queira fazer. Então, se você quiser ir para o inferno, vá com minhas bênçãos, porque você será capaz de transformar o próprio inferno.

Isso não significa que os meditadores vão para o céu, não: para onde quer que vão estarão no céu e o que quer que façam será divino. Mas esta é uma abordagem tão nova que demorará algum tempo para ser entendida.

Qual é a diferença entre um rebelde
e um revolucionário?

O que eu posso fazer?

Não há apenas uma diferença quantitativa entre um rebelde e um revolucionário; há também uma diferença qualitativa. O revolucionário é parte do mundo político. Sua abordagem é através da política. Seu entendimento é que mudar a estrutura social é suficiente para mudar o homem.

O rebelde é um fenômeno espiritual. Sua abordagem é absolutamente individual. Sua visão é que, se quisermos mudar a sociedade, temos de mudar o indivíduo. A sociedade em si não existe; é apenas uma palavra, como "multidão", mas se você começar a procurar não irá encontrá-la em lugar nenhum. Onde quer que encontre alguém, encontrará um indivíduo. A sociedade é apenas um nome coletivo, apenas um nome, não uma realidade – sem substância. O indivíduo tem uma alma, tem uma possibilidade de evolução, de mudança, de transformação. Portanto, a diferença é enorme.

O rebelde é a própria essência da religião. Ele traz ao mundo uma mudança de consciência – e, se a consciência muda, então a estrutura da sociedade está fadada a segui-la. Mas o contrário não é verdadeiro – e isso tem sido provado por todas as revoluções, porque todas elas falharam. Nenhuma revolução obteve sucesso em mudar o homem; mas parece que o homem não está consciente desse fato. Ele continua pensando em termos de revolução, de mudar a sociedade, de mudar o governo, de mudar a burocracia, de mudar as leis, os sistemas políticos. Feudalismo, capitalismo, comunismo, socialismo, fascismo – todos eles são, de sua própria forma, revolucionários. Todos fracassaram, e fracassaram redondamente porque o homem permaneceu o mesmo.

Um Buda Gautama, um Zaratustra, um Jesus – essas pessoas foram rebeldes. Elas confiaram no indivíduo. Elas também não foram bem-sucedidas, mas o seu fracasso foi totalmente diferente do fracasso do revolucionário. Os revolucionários experimentaram sua metodologia em muitos países, de muitas maneiras, e fracassaram. Mas um Buda Gautama não obteve sucesso porque não foi experimentado. Um Jesus não obteve sucesso porque os judeus o crucificaram e os cristãos o enterraram. Ele não foi experimentado – não lhe deram uma chance. O rebelde é ainda uma dimensão não experimentada.

Minhas pessoas têm de ser rebeldes, não revolucionários. O revolucionário pertence a uma esfera muito mundana. O rebelde e sua rebelião são sagrados. O revolucionário não consegue se sustentar sozinho, ele precisa de uma multidão, de um partido político, de um governo. Ele precisa do poder, e o poder corrompe – e o poder absoluto corrompe de maneira absoluta.

Todos os revolucionários que foram bem-sucedidos na conquista do poder foram corrompidos por ele. Eles não conseguiram mudar o poder e suas instituições; o poder os modificou, modificou a mente deles e os corrompeu. Somente os nomes se tornaram diferentes, mas a sociedade continuou a ser a mesma.

A consciência do homem permaneceu séculos sem crescer. Apenas de vez em quando um homem floresce, mas em milhões de pessoas o florescimento de um homem não é uma regra, é a exceção. E como ele está só, a multidão não consegue tolerá-lo. Ele se torna uma espécie de humilhação; sua mera presença se torna insultante,

O que eu posso fazer?

porque ele abre os seus olhos, deixa-o consciente do seu potencial e do seu futuro. E fere o seu ego o fato de não ter feito nada para crescer, para se tornar mais consciente, para ser mais amoroso, para ser mais extático, mais criativo, mais tranquilo – para criar um belo mundo em torno de você.

Vocês não contribuíram para o mundo, sua existência não tem sido uma bênção, mas uma maldição. Vocês introduzem sua raiva, sua violência, seu ciúme, sua competitividade, sua cobiça de poder. Vocês fazem do mundo um campo de guerra; vocês estão sedentos de sangue e deixam outros sedentos de sangue. Vocês privam a humanidade do seu caráter humano. Vocês ajudam o homem a cair abaixo da humanidade, às vezes até abaixo dos animais.

Por isso um Buda Gautama, um Kabir ou um Chuang Tsé os magoam; porque eles floresceram e vocês continuam parados no mesmo lugar. As primaveras vão e vêm, e nada floresce em vocês; nenhum pássaro aparece e faz um ninho em vocês, nem canta canções em volta de vocês. É melhor crucificar um Jesus e envenenar um Sócrates – apenas para removê-los – para que vocês não se sintam de maneira nenhuma espiritualmente inferiores.

O mundo conheceu muito poucos rebeldes. Mas agora chegou o momento: se a humanidade se provar incapaz de produzir um grande número de rebeldes – um espírito rebelde –, então nossos dias na Terra estão contados. Então este século pode se tornar o nosso túmulo. Estamos muito próximos desse ponto.

Temos de mudar a nossa consciência, criar mais energia meditativa no mundo, criar mais amorosidade. Temos de destruir o velho homem e sua feiura, suas ideologias podres, suas discriminações estúpidas, suas superstições idiotas, e criar um homem novo, com olhos frescos, com novos valores; uma descontinuidade com o passado – esse é o significado da rebeldia.

Estas três palavras vão ajudá-lo a entender...

Reforma significa uma modificação. O velho permanece, você lhe dá uma nova forma, um novo aspecto – uma espécie de reforma de um prédio velho. Sua estrutura original permanece; você o pinta de branco, você o limpa, você abre algumas janelas, algumas novas portas.

A revolução é mais profunda do que a reforma. O velho permanece, mas mais mudanças são introduzidas – até mesmo na sua estrutura básica –, não só modificando a sua cor e abrindo algumas janelas e portas, mas talvez criando novas histórias, elevando-o mais alto na direção do céu. Mas o velho não é destruído, ele permanece oculto por trás do novo; na verdade, continua sendo a própria base do novo. A revolução é uma continuidade do velho.

A rebelião é uma descontinuidade. Não é reforma, não é revolução; é simplesmente a sua desconexão de tudo o que é velho. As velhas religiões, as velhas ideologias políticas, o velho homem – tudo isso é velho e você se desconecta disso. Você inicia uma vida nova, partindo do zero. E, a menos que preparemos a humanidade para começar de novo a vida – uma ressurreição, uma morte do velho homem e um nascimento do novo...

É muito importante lembrar que, no dia em que Buda Gautama nasceu, sua mãe morreu; enquanto ele estava saindo do útero, sua mãe estava deixando a existência.

O que eu posso fazer?

Talvez isso fosse histórico, porque ele foi criado pela irmã de sua mãe; ele nunca viu sua mãe viva. E agora se tornou uma ideia tradicional no budismo que sempre que um buda nasce sua mãe morre imediatamente, sua mãe não pode sobreviver. Eu encaro isso como algo simbólico, uma indicação muito importante. Significa que o nascimento de um rebelde é a morte do velho.

O revolucionário tenta mudar o velho; o rebelde simplesmente sai do velho, assim como a serpente sai da velha pele e nunca olha para trás. A menos que criemos essas pessoas rebeldes na Terra, o homem não terá futuro. O velho homem trouxe o homem para sua morte derradeira. A velha mente, as velhas ideologias, as velhas religiões – todas se reuniram para produzir esta situação de suicídio global. Somente um novo homem pode salvar a humanidade e este planeta, e a bela vida deste planeta.

Eu ensino rebelião, não revolução. Para mim, a rebeldia é uma qualidade essencial de um homem religioso. Ela é a espiritualidade em sua absoluta pureza.

Os dias de revolução estão terminados. A Revolução Francesa fracassou, a Revolução Russa fracassou, a Revolução Chinesa fracassou. Na Índia vimos a revolução gandhiana fracassar, e fracassou diante dos olhos do próprio Gandhi. Gandhi passou toda a sua vida ensinando a não violência, e diante de seus próprios olhos o país estava dividido; milhões de pessoas foram mortas, queimadas vivas; milhões de mulheres foram violentadas. E o próprio Gandhi foi assassinado. Que estranho fim para um santo não violento.

E ele próprio esqueceu todos os seus ensinamentos. Antes de sua revolução estar garantida, um pensador americano, Louis Fischer, perguntou-lhe: "O que o senhor vai fazer com as tropas, os exércitos e todas as diferentes armas quando a Índia se tornar um país independente?"

Gandhi disse: "Vou jogar todas as armas no oceano e mandar todos os exércitos trabalharem nos campos e nos jardins".

E Louis Fischer perguntou: "Mas o senhor se esqueceu? Alguém pode invadir o seu país".

Gandhi disse: "Vamos recebê-lo bem. Se alguém nos invadir, vamos aceitá-lo como um hóspede e lhe dizer: 'Você também pode viver aqui, da maneira como estamos vivendo. Não há necessidade de lutar'".

Mas ele esqueceu completamente toda a sua filosofia — é por isso que as revoluções fracassam.

É muito bonito falar sobre essas coisas, mas quando o poder chega às suas mãos... Primeiro, Mahatma Gandhi não aceitou nenhum cargo no governo. Isso foi por medo, porque como ele responderia ao mundo todo? E quanto a atirar as armas no oceano? E quanto a enviar os exércitos para trabalhar nos campos? Ele fugiu à responsabilidade pela qual havia lutado durante toda a sua vida, vendo que isso iria criar um tremendo problema para ele; ele teria de contradizer a sua própria filosofia.

Mas o governo era composto de seus próprios discípulos, escolhidos por ele. E ele não lhes pediu para dissolver os exércitos, muito ao contrário. Quando o Paquistão atacou a Índia, ele não disse ao governo indiano: "Vão até às fronteiras e recebam os invasores como hóspedes". Em vez disso, abençoou os três primeiros aviões que saíram

O que eu posso fazer?

para bombardear o Paquistão. Os três aviões voaram sobre o palacete em que ele estava em Nova Déli, e ele foi até o jardim para abençoá-los. E com suas bênçãos eles foram em frente para destruir o próprio povo da Índia, que apenas alguns dias antes eram nossos irmãos e irmãs. Abertamente, sem nem enxergar a contradição...

A Revolução Russa falhou diante dos próprios olhos de Lênin. Ele estava pregando, de acordo com Karl Marx, que "quando a revolução chegar, dissolveremos o casamento, porque o casamento é parte da propriedade privada; quando a propriedade privada desaparecer, o casamento também desaparecerá. As pessoas poderão ser amantes, poderão viver juntas; a sociedade cuidará das crianças".

Mas quando a revolução obteve sucesso, ele viu a enormidade do problema: cuidar de tantas crianças... Quem iria cuidar dessas crianças? E dissolver o casamento... Pela primeira vez ele viu que a sua sociedade dependia da família. A família é uma unidade básica – sem a família, sua sociedade seria dissolvida. E isso seria perigoso... Perigoso para a criação de uma ditadura do proletariado, porque as pessoas iriam se tornar mais independentes se não tivessem as responsabilidades da família.

É possível enxergar a lógica. Se as pessoas têm as responsabilidades de uma esposa, de um pai velho, de uma mãe velha, dos filhos, elas estão tão sobrecarregadas que não podem ser rebeldes. Elas não podem ir contra o governo, elas têm responsabilidades demais. Mas se as pessoas não tivessem essas responsabilidades, se o governo cuidasse dos idosos – como haviam prometido antes da revolução –, se o governo cuidasse das crianças e as pessoas pudessem viver juntas enquanto amassem uma à outra, elas não precisariam de permissão para se casar e não precisariam de nenhum divórcio; isso seria um assunto pessoal privado e o governo não teria o direito de interferir... Mas quando aconteceu de o poder estar nas mãos do Partido Comunista, e Lênin ser o líder, tudo mudou. Quando o poder chega às suas mãos, as pessoas começam a pensar diferente. Agora o pensamento era que tornar as pessoas tão independentes das responsabilidades é perigoso – elas se tornarão individualistas demais. Então é melhor deixá-las encarregadas da família. Elas permanecerão escravizadas por causa de uma mãe velha, de um pai velho, de uma esposa doente ou dos filhos e de sua educação. Então, não terão tempo nem coragem para ir contra o governo em nenhuma questão.

A família é uma das maiores armadilhas que a sociedade tem usado há milênios para fazer com que um homem permaneça um escravo. Lênin se esqueceu de tudo sobre a dissolução das famílias.

É muito estranho como as revoluções têm fracassado. Elas têm fracassado nas mãos dos próprios revolucionários, porque, quando o poder chega às suas mãos, eles começam a pensar de maneira diferente. Então se tornam demasiado ligados ao poder. Então, todo o seu esforço é no sentido de manter o poder para sempre em suas mãos, e de como manter o povo escravizado. O futuro não necessita de outras revoluções. O futuro necessita de um novo experimento que ainda não foi tentado. Embora por milhares de anos tenha havido rebeldes, eles

O que eu posso fazer?

permaneceram sós – indivíduos. Talvez o tempo não estivesse suficientemente maduro para eles. Mas agora o tempo não está apenas maduro... Se vocês não se apressarem, o tempo chegou ao fim.

Nas próximas décadas, ou o homem vai desaparecer ou um novo homem com uma nova visão vai aparecer na Terra. E ele será um rebelde.

> *A iluminação significa que não se está mais interessado nos problemas que a humanidade enfrenta, como a fome, a pobreza, a vida em condições miseráveis, o pouco espaço para desenvolver suas próprias habilidades e talentos?*

Na verdade, enquanto você não tiver se livrado dos seus próprios problemas, não pode ter a perspectiva certa para entender os problemas do mundo. Seu próprio lar está tão confuso, seu próprio ser interior está tão confuso – como você terá uma perspectiva para entender grandes problemas? Você nem sequer entendeu a si mesmo; comece por aí, porque qualquer outro início será um início errado.

E as pessoas que estão em um estado mental tremendamente confuso começam a ajudar os outros e começam a propor soluções. Essas pessoas criam mais problemas no mundo do que os resolvem.

Estes são os verdadeiros fomentadores do mal: os políticos, os economistas, os chamados servidores do povo, os missionários. Esses são os verdadeiros promotores do mal – eles ainda não resolveram sua própria consciência interior e já estão prontos para atingir todo mundo e resolver o problema de todo mundo. Na verdade, dessa maneira estão evitando a sua própria realidade; não querem enfrentá-la. Querem permanecer engajados em algum outro lugar com outras pessoas – isso lhes dá uma boa ocupação, uma boa distração.

Lembre-se: você é o problema do mundo, VOCÊ é o problema, e, a menos que você seja resolvido, o que quer que faça vai tornar as coisas mais complicadas. Primeiro ponha ordem em sua casa – crie um cosmo ali; ela está um caos.

Há uma antiga fábula indiana, uma história muito antiga, mas muito importante...

Um grande rei, porém tolo, queixou-se de que o chão áspero machucava seus pés, e então ordenou que todo o reino fosse acarpetado com couro de vaca para proteger seus pés. Mas o bobo da corte riu disso – ele era um homem sábio. Ele disse: "A ideia do rei é simplesmente ridícula".

O rei ficou muito zangado e disse ao bobo: "Mostre-me uma alternativa melhor, senão vou mandar matá-lo".

O bobo disse: "Senhor, corte pequenos pedaços de couro de vaca para cobrir seus pés". E assim nasceram os sapatos.

Não há necessidade de cobrir a Terra inteira com couro de vaca; cobrindo apenas seus pés, cobrirá a Terra inteira. E este é o início da sabedoria.

Sim, há problemas, eu concordo. Há grandes problemas. A vida é um inferno. Existe sofrimento, existe pobreza, existe violência, todos os tipos de loucura estão à tona, isso é verdade – mas eu ainda insisto que o problema está na alma do indivíduo. O problema existe porque os indivíduos estão em um caos. O caos total nada mais é que

O que eu posso fazer?

um fenômeno combinado: temos todos derramado o nosso caos sobre ele.

O mundo nada mais é que um relacionamento; estamos relacionados um com o outro. Eu sou neurótico, você é neurótico: então, o relacionamento continua muito, muito neurótico – ele é multiplicado, não apenas duplicado. E todos são neuróticos, e por isso o mundo é neurótico.

Adolf Hitler não surgiu do nada – nós o criamos. O Vietnã não nasceu do nada – nós o criamos. É o nosso pus que vem à tona; é o nosso caos que se impõe. O começo tem de ser com você: você é o problema do mundo. Portanto, não evite a realidade do seu mundo interno – essa é a primeira coisa.

Você me pergunta: "A iluminação significa que não se está mais interessado nos problemas que a humanidade enfrenta?"

Não. Na verdade só com a iluminação se está realmente interessado. Mas o interesse será de um tipo totalmente diferente: você vai olhar a sua causa básica. Como está agora, você está interessado nos sintomas. Quando um Buda ou um Cristo está interessado, ele está interessado na raiz. Você pode não concordar, porque não consegue enxergar a raiz, você só enxerga o sintoma. Ele está interessado – agora ele sabe onde está a raiz e se esforça muito para mudar essa raiz.

A pobreza não é a raiz, a raiz é a cobiça. A pobreza é o resultado. Você continua lutando contra a pobreza – e nada vai acontecer. A cobiça é a raiz: a cobiça tem de ser desenraizada. A guerra não é o problema, a agressividade individual é o problema – a guerra é apenas o total. Vocês continuam realizando marchas de protesto, e a guerra não vai ser detida. Isso não adianta – suas marchas de protesto, tudo isso. Mas vocês podem desfrutar da diversão. Há algumas pessoas que se divertem com isso; você pode encontrá-las em qualquer marcha de protesto. Em qualquer lugar você vai encontrá-las protestando; no mundo todo elas continuam se amotinando, protestando contra qualquer coisa. É engraçado – as pessoas gostam disso.

Na minha infância, eu gostava muito disso. Estava presente em todas as manifestações, e até as pessoas mais velhas da minha cidade começaram a se preocupar. Elas diziam: "Você está em toda parte – seja uma passeata comunista, socialista ou anticomunista... Você está sempre presente". E eu dizia: "Eu acho isso divertido. Não estou preocupado com a filosofia política – só ficar berrando é muito divertido; eu gosto do exercício".

Você pode se divertir; isso não vai fazer muita diferença – a guerra vai continuar. E se você observar esses manifestantes, verá que muitos deles são pessoas muito agressivas – você não verá paz no rosto deles. Eles estão prontos para lutar: se tiverem o poder, se tiverem a bomba atômica, vão lançar a bomba atômica para criar a paz. É isso que todos os políticos dizem – eles dizem que estão lutando para que a paz possa prevalecer.

O problema não é a guerra, e os Bertrand Russells não vão ajudar. O problema é a agressão interior que está dentro dos indivíduos. As pessoas não estão à vontade consigo mesmas; por isso a guerra existe, do contrário essas pessoas enlouqueceriam. A cada década uma grande guerra é necessária para descarregar a neurose da humanidade. Você ficará surpreso em saber que, na

O que eu posso fazer?

Primeira Guerra Mundial, os psicólogos tomaram conhecimento de um fenômeno raro, estranho. À medida que a guerra continuava, a proporção de pessoas que enlouqueciam caiu quase a zero. Não havia mais suicídios, não havia mais assassinatos; as pessoas até pararam de enlouquecer. Isso foi estranho – o que isso tinha a ver com a guerra? Talvez os assassinatos não estivessem ocorrendo porque muitos assassinos foram para o exército, mas o que aconteceu com as pessoas que se suicidavam? Talvez elas também tivessem se juntado ao exército, mas então o que aconteceu com as pessoas que enlouqueciam? Elas simplesmente pararam de enlouquecer? Então, novamente, na Segunda Guerra Mundial a mesma coisa aconteceu, em uma proporção maior; e então o vínculo foi conhecido, a associação.

A humanidade continua acumulando certa quantidade de neurose, de loucura. A cada década isso tem de ser expulso. Assim, quando há a guerra – a guerra significa que a humanidade enlouqueceu como um todo –, então não há necessidade de enlouquecer privadamente. Quando uma nação está assassinando outra, e há tanto suicídio e assassinato, por que fazer essas coisas isoladamente? Você simplesmente assiste à TV e desfruta isso, você pode ler tudo isso no jornal e se excitar.

O problema não é a guerra; o problema é a neurose individual.

Um homem que se torna iluminado olha para as causas profundas das coisas. Buda, Cristo, Krishna, todos estiveram buscando as raízes e estiveram tentando lhes dizer: mudem as raízes; é necessária uma transformação radical, as reformas comuns não conseguirão fazê-la. Mas então vocês podem não entender – porque eu estou aqui, continuo falando sobre meditação, e vocês não conseguem ver o relacionamento, como a meditação está relacionada com a guerra. Eu vejo o relacionamento; vocês não veem.

Minha compreensão é esta: se pelo menos um por cento da humanidade começar a meditar, as guerras desaparecerão – e não há outra maneira. Essa grande quantidade de energia meditativa tem de ser liberada. Se um por cento da humanidade – e isso significa uma em cada cem pessoas – começar a meditar, as coisas tomarão um rumo totalmente diferente. A cobiça será menor; naturalmente, a pobreza será menor. A pobreza não existe porque existe escassez; a pobreza existe porque as pessoas estão acumulando... porque as pessoas estão cobiçando. Se vivermos este momento, há o bastante, a terra tem o bastante para nos dar. Mas nós planejamos para o futuro, nós acumulamos – então surgem os problemas.

Pense se os pássaros acumulassem... Então alguns pássaros se tornariam ricos e alguns se tornariam pobres; então, os pássaros americanos se tornariam os mais ricos e o mundo todo iria sofrer. Mas os pássaros não acumulam, por isso não há pobreza entre eles. Você já viu um pássaro pobre? Os animais na floresta – ninguém é pobre, ninguém é rico. Na verdade, você nem sequer vê pássaros gordos e pássaros fracos e magros. Todos os corvos são mais ou menos parecidos; não conseguimos sequer reconhecer qual é qual. Por quê? Porque eles desfrutam; não acumulam.

Mesmo ficar gordo significa que você está acumulando dentro do seu corpo – que você tem uma mente avarenta.

O que eu posso fazer?

Os avarentos ficam constipados; eles não conseguem sequer se livrar de seus próprios dejetos. Eles acumulam; controlam até mesmo a defecação, continuam acumulando até mesmo o seu lixo. A acumulação é um hábito.

Viver no momento, viver no presente, viver amorosamente, viver em amizade, cuidar... Então o mundo será totalmente diferente. O indivíduo tem de mudar, porque o mundo não é nada senão um fenômeno projetado da alma do indivíduo.

Uma pessoa iluminada será interessada – só tal pessoa será interessada –, mas o interesse será de dimensões diferentes. Você pode nem conseguir entendê-lo. As pessoas vêm até mim e dizem: "O que você está fazendo? Há pobreza, há maldade, e você continua ensinando meditação. Pare com isso. Faça algo pela pobreza". Mas nada pode ser feito diretamente pela pobreza. Apenas a energia da meditação precisa ser liberada para as pessoas conseguirem desfrutar do momento. Então não haverá pobreza. O comunismo não vai destruir a pobreza; não a destruiu em parte alguma. Ele criou novos tipos de pobreza – e maior, mais perigosa: agora o russo é muito MAIS pobre porque também perdeu a sua alma. Agora ele na verdade não é nem mesmo um indivíduo – não tem sequer a liberdade para rezar e meditar. Isso não vai ajudar, isso está destruindo. Estes são os bons samaritanos – evite-os.

E você diz: "Não haverá um pequeno espaço para as pessoas desenvolverem as próprias habilidades, os próprios talentos?" Na verdade não haverá necessidade de desenvolvê-los; eles começarão a se desenvolver espontaneamente. Quando um homem medita, ele começa a florescer. Se é um pintor, vai se tornar um grande pintor. Se é um poeta, de repente uma poesia fantástica vai sair de sua alma. Se é um cantor, pela primeira vez ele cantará uma canção que está próxima do desejo do seu coração. Não haverá necessidade de fazer nenhum esforço. Quando você está em silêncio, enraizado no seu ser, centrado, seus talentos automaticamente começam a funcionar. Você se torna espontâneo. Você começa a fazer a sua coisa – e agora você não se importa se ela será ou não remunerada, se ela o tornará mais ou menos respeitável. Ela o deixa feliz, e isso é suficiente. Ela o deixa tremendamente alegre, e isso é mais do que suficiente.

A meditação libera suas energias – e então não há outra necessidade. E um homem que atingiu a iluminação, o supremo – o que mais é possível? Ele funciona como um Deus. Ele tem uma existência plena. Atingiu o florescimento fundamental – agora nada mais é necessário. Todos os seus momentos são criativos, todos os seus gestos são criativos, sua própria vida é graça.

Mas há pessoas que gostariam de seguir um caminho muito sinuoso: elas gostariam de primeiro mudar o mundo e depois chegar a si mesmas. Mas deixe-me lhe dizer: você nunca conseguirá chegar a si mesmo se for tão longe.

Ouvi uma história... Um velho estava sentado perto de Déli e um jovem estava passando por ele de carro. O jovem parou e perguntou ao velho: "A que distância está Déli?" O velho disse: "Se você for na direção que está indo, está longe, muito longe. Você terá de viajar a Terra inteira – porque deixou Déli para trás há apenas dois minutos".

Se você fizer a volta, não fica muito longe – cerca de dois minutos. Se você for mudar o mundo todo e depois

O que eu posso fazer?

pensar em mudar a si mesmo, nunca conseguirá fazê-lo; você nunca conseguirá voltar para trás. Comece de onde está. Você faz parte deste mundo feio. Mudando a si mesmo você estará mudando o mundo.

O que é você? – uma parte deste mundo feio. Por que tentar mudar o vizinho? Ele pode não gostar, pode não querer, pode não estar interessado. Se você ficar consciente de que o mundo necessita de uma grande mudança, então você é o mundo mais próximo de si mesmo: comece por aí.

Mas há algumas pessoas que são muito filosóficas. Elas ficam matutando, fazendo digressões....

Estive lendo o belo livro de Leo Rosten, The *Joys of Yiddish*. Ele fala sobre um grande filósofo judeu, Sr. Sokoloff, que jantava regularmente em certo restaurante na Segunda Avenida, começando cada refeição com um prato de sopa de galinha. Uma noite o Sr. Sokoloff chamou o garçom e disse: "Volte aqui e experimente esta sopa".

O garçom hesitou: "Depois de 20 anos o senhor questiona a perfeição da nossa maravilhosa sopa de galinha?"

"Volte aqui e a experimente", repetiu o Sr. Sokoloff.

"Tudo bem, tudo bem", concordou o garçom. "Vou experimentá-la... Mas onde está a colher?"

"Aha!", gritou o Sr. Sokoloff.

Ele simplesmente queria dizer: "Eu não tenho uma colher". Mas fez uma volta enorme – "Experimente esta sopa..."

Não faça tantas voltas, não seja tão filosófico. Se você não tem uma colher, diga simplesmente que precisa de uma colher. A colher resolverá a questão.

Tudo o que se necessita é de uma colherada de meditação.

Poder, política e mudança

Eu ouvi você dizer que religião e política são dimensões opostas – que um homem realmente religioso não pode se interessar por política, e um político nunca pode se tornar religioso enquanto continuar sendo um político. Se isso é verdade, não há chance de um mundo melhor?

Eu disse e repito: a pessoa realmente religiosa não pode se interessar por política. E o político, permanecendo um político, não pode ter nenhuma experiência religiosa, nenhuma amostra desse voo para o desconhecido. Mas eu nunca disse que não há esperança de um mundo melhor.

É verdade que o político não pode se tornar religioso – pela simples razão de que a política, toda política, a política como tal, é política de poder. É o desejo de poder. A pessoa quer dominar, quer possuir, quer ser o fator decisivo na vida das pessoas. Essas são qualidades do ego. É óbvio que esse tipo de pessoa não pode ser religiosa, porque a verdadeira religião é basicamente a experiência de ausência de ego.

Na religião não há lugar para a vontade de poder. Na verdade, na religião não há lugar sequer para a vontade. A vontade de poder está bem distante; nem a vontade de ser está ali. Na religião o homem está nas mãos da existência, em um fluir profundo. Esse fluir é o que eu chamo de religiosidade. Por isso eu digo que religião e política são dimensões opostas.

Mas não fique preocupado; isso não significa que não haja esperança para a humanidade, que não haja esperança

O que eu posso fazer?

para o futuro. Sou um homem que espera até contra a esperança. Para mim é impossível ser desesperançado. Quando há esperança você sempre consegue encontrar um caminho. O provérbio diz: "Quando existe vontade, existe solução". Não acho que isso seja certo. Em toda parte há vontade, e não há nenhuma solução. Algum idiota deve ter criado esse provérbio. Mas onde há esperança sempre há uma solução. Eu gostaria de mudar o provérbio. Não tenho nenhum direito de mudar nada, mas eu sou simplesmente louco – o que posso fazer? Continuo mudando os significados das palavras, porque acho que nenhuma palavra tenha qualquer significado derradeiro. Todos os significados são significados dados. Se outra pessoa pode dar um significado à palavra, porque eu também não posso lhe dar um significado? As palavras em si são apenas sons. Uma palavra significa o que você quer que ela signifique – depende de você. Então eu gostaria de mudar esse antigo provérbio.

Para as pessoas que me entendem, a vontade é um veneno porque finalmente conduzirá à política. Vontade significa: "Eu quero ser algo, em algum lugar, alguém". Eu ensino a você a ausência de vontade; esse é o meu significado de fluir. A vontade adere, a vontade tenta impor seu próprio caminho; ela quer que a existência a siga.

Quando eu falo em ausência de vontade, estou lhe dizendo para não impor o seu caminho. Deixe a natureza seguir seu próprio curso. Seja simplesmente uma nuvem. Sempre que o vento sopra, a nuvem se move, sem resistência, sem irritação: "Eu queria ir para o sul; o que está acontecendo? Estou indo para o norte, odeio isso! Eu estava indo para o sul, estava sonhando com o sul, e esse vento acabou com tudo!"

A nuvem simplesmente se move com o vento. Não há conflito, não há resistência. O vento e a nuvem não são duas coisas. Se o vento de repente muda o seu movimento – está indo para o norte e começa a se mover para o leste ou para o oeste –, a nuvem nem mesmo o questiona: "Isso é inconsistente. Estávamos indo para o norte; eu concordei, a despeito do fato de eu estar destinada a ir para o sul. Sacrifiquei meu objetivo apenas para estar com você. Isso é demais! De algum modo consegui concordar com a ideia de ir para o norte. E você parece ser louco! Começou a se mover para o leste ou para o oeste. Isso é inconsistente. Isso não é cordial, não é o estilo dos amantes.

Isso é um divórcio. Eu não posso ser sempre um seguidor, de forma que para onde você vá eu tenha de ir. Não sou um marido dominado. Se você quer ir para o inferno, vá! Eu não vou".

Não há nenhuma dúvida de que o vento é inconsistente. A nuvem não tem nenhuma vontade; por isso não há conflito, não há questionamento, não há dúvida. O estilo do vento é aceito como um estilo de existência; é isso que a existência quer. A nuvem está em um tremendo fluir, ela não tem vontade própria. A nuvem não é nem pode ser um político.

O homem religioso não pode ser interessado em política pela simples razão de que ele não tem um lugar para alcançar – ele já alcançou. Ele já está onde o político está tentando alcançar e nunca alcança – ele não pode alcançar por causa da própria natureza das coisas.

O que eu posso fazer?

A pessoa religiosa já está lá. Ela não chegou lá, ela descobriu que sempre esteve lá, sempre e sempre, desde o início; ela nunca esteve em outro lugar. Mesmo que quisesse se mover, seria impossível. Ela só pode estar onde está, não pode se mover para nenhum outro lugar.

Como você pode se mover de si mesmo, do seu ser? E nada é mais alto que isso, nada é mais jubiloso. E também não há necessidade. Por isso o homem religioso não pode estar interessado em política, porque o estilo do político é contra o fluxo, é contra a corrente.

O político está tentando se mover para ficar acima da cabeça de todo mundo; custe o que custar, não importa o pior meio que tenha de usar. Tudo o que importa é que ele está determinado a se tornar alguém importante; ele tem de deixar seu nome nas páginas da história, embora ninguém leia esses nomes.

E à medida que a história se torna maior – e ela vai se tornando maior a cada dia –, nomes maiores vão se tornando menores. Naturalmente, aqueles que são muito proeminentes vão deslizando para as notas de pé de página. Um dia eles governaram o mundo todo.

Genghis Khan foi um dos maiores imperadores. Ele governou de um canto da Ásia ao canto oposto da Europa; os dois continentes estavam sob o seu comando. Ele era chamado de "O Grande Khan". Mas agora, se você olhar para a história do mundo, vai encontrar seu nome referido em alguma nota de pé de página. Mais cedo ou mais tarde a história se torna maior. Primeiro você desliza para as notas de pé de página, depois começa a desaparecer das notas de pé de página. Deixar seu nome nos livros de história é como escrever seu nome na areia.

Um dos meus professores, um professor de história, costumava dizer repetidas vezes – e isto tem sido dito a quase todo mundo: "Deixe seu nome nas páginas da história. Escreva seu nome em letras douradas. Você deve deixar sua marca de que esteve aqui".

No primeiro dia em que entrei na aula dele... É claro que no primeiro dia o professor está em sua melhor forma. Ele tenta impressionar, porque a primeira impressão é uma impressão duradoura. Então ele estava no seu máximo – não falando, mas trovejando. Não consegui aguentar quando ele disse: "Vocês têm de deixar seu nome na história, ele tem de ser escrito em letras douradas. Vocês têm de deixar uma marca de que estiveram aqui".

Eu me levantei e disse: "O senhor está gritando alto demais – e só há 40 alunos aqui. O senhor está deixando sua marca nas paredes desta classe, nas mesas e nas cadeiras? O senhor está trovejando como se estivesse se dirigindo a pelo menos dez mil pessoas! Posso lhe perguntar algumas coisas?

"Primeira coisa: eu nunca vi nenhum livro de história escrito em letras douradas. Entre todos aqueles que viveram até agora, ninguém conseguiu escrever seu nome em letras douradas. O senhor está propondo que, para mim especialmente, um livro será escrito com letras douradas? E mesmo que ele venha a ser escrito com letras douradas, eu não estarei lá para vê-lo; então, o que importa se o meu nome esteja ou não escrito? Na verdade, quando cheguei a este mundo, eu não tinha nome. O nome me foi dado; o nome é apenas arbitrário, não é meu. Então, se ele estiver ou não escrito no livro da história, isso não importa.

O que eu posso fazer?

Em segundo lugar, o senhor está dizendo: 'Deixe sua marca aqui, para provar que esteve aqui'. O senhor está falando como um cão".
Ele disse: "O quê!?"
Eu disse: "Sim... porque os cães deixam sua marca por onde vão. Eles erguem uma das patas e deixam sua marca ali. Quando digo isso, estou simplesmente apresentando um fato biológico: 'Eu estive aqui e este é o meu território'. A urina é dourada, ele está fazendo história".

Mas todos os políticos estão fazendo isso, urinando e achando que estão deixando marcas douradas. Sim, a urina é um pouco amarela, mas dizer que ela é dourada seria um exagero da minha parte. E tudo o que o cão está fazendo quando deixa a sua marca é uma declaração à existência de que "Este é o meu território – ele fede!"

Eu lhe disse: "Toda a história fede, e todos os seus políticos simplesmente fedem. O senhor, por favor, pare de trovejar e de nos falar bobagens. Vá em frente e inicie a história de todos os idiotas do passado e, por favor, perdoe-nos por não sermos acrescentados a essa lista".

O político sofre de um tremendo complexo de inferioridade. No fundo ele sabe que não é nada, e quer provar ao mundo que é enorme, poderoso. Quer aparecer em primeiro lugar na linha de toda a humanidade. Mas o problema é que a humanidade segue uma lei universal geral. Uma das leis fundamentais do universo é que as coisas se movem em círculos. A Terra gira em torno do Sol, a Lua gira em torno da Terra, o próprio Sol gira em torno de algum Sol maior que ainda não conseguimos descobrir. Mas tudo se move em círculos, e isso é verdadeiro também em relação à humanidade.

Estamos em um círculo e nos movendo em um círculo; portanto, sempre há alguém na sua frente. Esse é o problema, você não pode escapar disso; sempre há alguém na sua frente. Sim, também existe sempre alguém atrás de você – e isso lhe dá uma pequena satisfação. Mas a pessoa que está na sua frente mata essa satisfação imediatamente! Você tenta puxar, pela perna, a pessoa para trás e ficar na frente dela. Ela tenta ao máximo não ser puxada dessa maneira e vai chutá-lo quanto puder. Mas mesmo que você conseguisse...

Se você fracassa, você fracassa; mas se é bem-sucedido, então também fracassa. Esse é o problema, porque de novo percebe que há outra pessoa na sua frente. E você vai sempre encontrar essa situação, porque é um círculo.

Se a pessoa vai sendo bem-sucedida sucessivamente, um dia vai descobrir que aquele que antes estava atrás dele agora está na sua frente. Esse é o fracasso final. Quando alguém se torna o presidente, o primeiro-ministro, ele vem a saber: "Meu Deus! O homem que está na minha frente agora é o mesmo homem que estava atrás de mim quando iniciei a jornada".

E você pode ver isso a cada quatro anos nos Estados Unidos e a cada cinco anos na Índia – o presidente está implorando pelo voto do homem que estava atrás dele na última vez. Agora ele tem de pedir e implorar o voto dele; agora a sua presidência, seu cargo de primeiro-ministro, depende do voto daquele homem; agora aquele homem está na frente.

Eu tenho dito repetidas vezes que os líderes são os seguidores de seus próprios seguidores. É um jogo muito

O que eu posso fazer?

estranho. Você tem de fingir ser o primeiro, mas, no entanto, sabe que a última pessoa da fila tem o poder de mantê-lo lá ou substituí-lo por outra pessoa.

A vida do político é uma vida de constante luta e constante angústia. Ele se esforça muito para superar essas lutas, mas permanecendo um político isso não é possível. Todos esses sofrimentos, esses tormentos, são parte e parcela do seu jogo político.

Um ministro da educação costumava vir me visitar. Ele era um homem muito rico, muito bem-educado. Antes de se tornar ministro da educação, era reitor de uma universidade. Quando era reitor me ouviu em uma conferência e se tornou meu amigo. De vez em quando costumava vir me visitar, apenas para relaxar durante um ou dois dias do mundo do capital e dos políticos.

Ele me perguntou várias vezes: "Você ensina às pessoas métodos de meditação, de se tornar tranquilo, silencioso. E eu posso entender que o que você está dizendo é certo; que, a menos que uma pessoa se torne silenciosa e tranquila, não pode esperar ser feliz. É preciso criar o campo para a felicidade acontecer. Mas você nunca fala sobre nada disso comigo".

Eu disse: "Só vou lhe falar sobre essas coisas quando você deixar sua política, porque sua política e meus ensinamentos juntos vão torná-lo ainda mais infeliz. Você já está suficientemente infeliz. Se tentar ficar tranquilo também, ficar silencioso ainda que por alguns momentos, meditar cada dia durante meia hora, vai se tornar mais infeliz do que jamais foi, porque não conseguirá fazer isso. É melhor você aceitar que isto é tudo o que a vida tem: sofrimento, infelicidade, insônia e um contínuo tumulto.

"É melhor, de certa maneira, que isso seja tudo o que a vida é. Se você se conscientizar de que a vida é mais que isso e começar a buscar por isso, estará desnecessariamente multiplicando seu sofrimento. Você não pode ser tranquilo, não pode meditar, não pode ficar sentado em silêncio. E essa será uma derrota muito dolorosa; um grande e bem-sucedido político que se tornou ministro de um país como a Índia – grande, vasto, a maior democracia do mundo; e você tem uma das pastas mais importantes, a da educação. Como um grande e bem-sucedido homem não consegue ficar silencioso por pelo menos um momento? Isso será muito perturbador".

Mas ele não me ouviu. Começou a meditar e a ler meus livros. E o que eu disse que aconteceria aconteceu – um completo colapso nervoso. Ele foi trazido até mim. Eu lhe disse: "Eu já havia lhe falado que estas duas coisas não podem andar juntas. Você está tentando ir para o leste e para o oeste ao mesmo tempo; então uma perna vai para o leste e a outra para o oeste, e você fica dividido. É uma coisa muito simples: se você está na política, esteja na política. Para você não há essa coisa de meditação, de religiosidade". O político não pode ser religioso enquanto continuar sendo um político. Lembre-se da condição.

A pessoa religiosa está numa jornada tão fantástica que não lhe importa ser presidente ou primeiro-ministro de um país, um rei ou uma rainha. Que valor têm esses reis e rainhas? Na verdade, só há cinco reis no mundo: quatro nas cartas do baralho e um na Inglaterra. E eles têm um valor similar, que não é muito. Você quer ser o sexto rei?

O que eu posso fazer?

Há séculos os políticos têm vivido um inferno, pela simples razão de que acham que, passando por esse inferno, um dia vão atingir o poder e a posição mais elevada. Mas o que você vai fazer com o poder e a posição mais elevada?

Um ministro da educação estava um dia sentado junto comigo em seu carro; estávamos apenas dando uma volta, e um cão começou a correr atrás do carro. Eu disse ao motorista: "Ande mais devagar – o pobre cão está resfolegando tanto... Vá mais devagar. Deixe-o atingir o carro e vamos ver o que acontece".

O político disse: "O que vai acontecer?"

Eu disse: "Você vai ver – acontece exatamente o que acontece com um político".

O motorista reduziu a velocidade do carro. O cão se aproximou mais de nós – e pareceu bobo, porque agora o que iria fazer?

Eu disse ao ministro da educação: "Esta é a sua posição – e agora? Quando o cão estava correndo atrás do carro ele estava muito mais feliz. Pelo menos tinha algo a fazer, um grande desafio. Mas quando atingiu o carro ficou confuso, porque agora o desafio havia desaparecido. E ele ficou olhando à volta: devia ser muito tolo; do contrário, por que vocês estariam olhando para ele? Ele nunca pensou em por que estava correndo atrás do carro, o que ia fazer se alcançasse o carro. Mesmo que se sentasse no lugar do motorista, o que iria fazer?"

Esses grandes políticos que detêm um grande poder na Casa Branca e no Kremlin são como cães sentados num carro e olhando em torno, sentindo-se tolos e pensando: "Isto é o fim?" Agora não há nenhum lugar para ir. Quando você chegou à Casa Branca não tem mais lugar nenhum para ir.

Você está realmente confinado – e por seus próprios esforços – em uma prisão.

O político não pode ser religioso porque a verdadeira religião significa entendimento, consciência, silêncio, harmonia e um profundo fluir com a existência, uma sensação de estar em paz com tudo o que existe. Não há o desejo de ser outra pessoa, não há o desejo de estar em nenhum outro lugar, não há o desejo do amanhã. Tudo é preenchido neste momento. O político não pode se permitir isso. E o homem religioso que está nessa situação, nesse estado fundamental do ser, para ele os políticos são apenas pessoas tolas, embora ele possa não dizer isso por uma questão de etiqueta.

Eu não sou um homem de etiqueta, essas coisas não me importam. Eu simplesmente chamo a espada de uma maldita espada porque é o que ela é. Eu tornei a espada realmente o que ela é. O velho provérbio diz que uma espada é uma espada. Isso não parece ter nenhuma importância. É claro que uma espada é uma espada – e daí? Isso não diz nada sobre a espada. Então, eu simplesmente digo que os políticos são todos idiotas.

Mas ainda há esperança para a humanidade. A esperança não é que as pessoas religiosas se tornem políticos ou que as pessoas religiosas comecem a ter interesse em política. Nada disso. Mas as pessoas religiosas podem se tornar, devem se tornar, rebeldes contra toda a estupidez política. Há esperança. A pessoa religiosa não deve se contentar apenas com a sua bem-aventurança e permitir que todos esses idiotas continuem prejudicando a humanidade inocente.

Para mim, esta é a única compaixão: rebelar-se contra toda a história da humanidade.

O que eu posso fazer?

A pessoa religiosa deve se rebelar. No passado ela não fez isso. Por isso eu digo que, no passado, a religião era imatura. Mesmo as grandes personalidades religiosas do passado vão parecer pigmeus em comparação com a pessoa religiosa autêntica que vai nascer, porque a religião autêntica é basicamente rebelião – rebelião contra toda superstição, rebelião contra toda estupidez, rebelião contra todos os absurdos que continuam sendo continuamente impostos à mente humana.

Um homem religioso rebelde é um fogo; suas palavras serão palavras escritas com fogo. Seu silêncio não será o silêncio de um cemitério. Seu silêncio será o silêncio de um canto, de uma dança. Seu silêncio será o silêncio do encontro de dois amantes que não conseguem encontrar palavras que comuniquem o seu amor. Seu amor os deixa sem palavras.

No momento em que os amantes começam a falar demais, você pode saber que o amor desapareceu. A conversa começou; o conflito não está muito distante. A conversa é o início; logo virá a discussão. Aonde mais a conversa pode conduzir senão à controvérsia? Mas dois amantes, quando estão realmente apaixonados e pulsando com uma nova energia, sentem-se paralisados, de repente sem palavras. Até dizer "eu te amo" parece ser difícil, parece estar bem abaixo do fato do amor. Parece de algum modo ser um sacrilégio colocar em palavras algo que é tão silente, tão resplandecente no silêncio, tão vivo no silêncio.

A pessoa religiosa é silente, mas o seu silêncio não é aquele de um cemitério, não é o silêncio de um homem morto. É o silêncio de um homem que está realmente vivo, plenamente vivo, intensamente vivo.

Essa vivacidade intensa vai se tornar sua rebelião.

O que eu tenho feito há 30 anos? Lutado contra todo tipo de absurdo. Havia alguma recompensa, eu estava buscando alguma recompensa em função de toda essa luta? Não, não era uma busca de qualquer recompensa, era apenas a maneira como a minha vivacidade estava se afirmando. Ela não estava direcionada para uma meta, não havia motivação; eu estava simplesmente sendo eu mesmo. Eu apreciei toda essa luta. Na verdade, as pessoas que entravam em conflito comigo ficavam muito surpresas porque aquilo para elas era uma agonia – e para mim era um êxtase! Elas não conseguiam entender como eu estava desfrutando daquilo.

E eu estava cercado de inimigos por todos os lados. Só, sem nenhuma ajuda, eu estava me movendo entre milhões de pessoas e me colocando contra elas, dizendo coisas que ofendiam muito as suas crenças.

Um *shankaracharya*[3] chegou a me perguntar: "O que você vai extrair disso? Você está simplesmente criando muitos inimigos. Os políticos são seus inimigos, todos os tipos de pessoas religiosas são seus inimigos. Os ricos são seus inimigos, os pobres são seus inimigos, os capitalistas são seus inimigos, os comunistas são seus inimigos". Ele disse: "Isto é estranho; muçulmanos, hindus, jainistas, budistas, pársis, siques, cristãos – todos são seus inimigos".

Eu lhe disse: "Vou escrever um livro, *Como impressionar as pessoas e criar inimigos*. Esta é apenas uma experiência a ser incluída nesse livro".

---

[3] *Shankaracharya* é o chefe de mosteiro na tradição Advaita Vedanta. (N. R.)

O que eu posso fazer?

Ele disse: "Você nunca leva nada a sério. Eu estava apenas lhe mostrando a minha preocupação". Ele era um homem jovem, recém-indicado para ser um *shankaracharya*; havia me conhecido antes de ser um *shankaracharya*. E estava genuinamente preocupado. Ele disse: "Não vejo nada que você possa extrair disso senão transformar todos em seus inimigos; e, no entanto, você parece apreciar isso!"

Isto aconteceu em Faridabad, um lugar perto de Nova Déli, onde havia uma grande conferência do mundo hindu. Esse *shankaracharya* me disse: "Há um perigo". Ele ainda estava sendo cordial comigo, e disse: "Em público eu não posso ficar do seu lado, mas no fundo eu sinto a sua autenticidade, a sua sinceridade. Não posso dizer isso diante do público porque não tenho toda essa coragem. Mas quero adverti-lo porque há um rumor de que está em andamento uma conspiração. As pessoas estão dizendo que 'hoje algo precisa ser feito a esse homem, porque ele tem criticado severamente todas as nossas crenças, toda a nossa herança, todas as nossas instituições. Ninguém parece ter nenhuma resposta para ele, ninguém parece ter nenhum argumento.' Então eles estão pensando, assim como os idiotas vão pensar: 'Por que não matar esse homem, por que não destruir esse homem? Então esse encontro de hoje pode ser fatal, essas pessoas querem feri-lo".

Eu disse: "Não fique preocupado. Todo momento é fatal porque a qualquer momento a morte pode chegar. E isto é ótimo: com 50 mil pessoas eu também vou apreciar a minha morte!"

Ele disse: "Você é incurável. Estou apenas sendo seu amigo e tenho certeza de que algo vai acontecer".

Eu disse: "Se você tem certeza, eu confio em você. Vou fazer o máximo para deixar que isso aconteça". E, na verdade, na conferência da noite deveria haver pelo menos cem mil pessoas. Na conferência da manhã havia somente 50 mil; o número havia duplicado porque corria por toda parte um rumor de que algo ia acontecer, que alguma coisa estava fervilhando. Isso levou muito mais pessoas ao encontro da noite.

Quando comecei a falar, pude ver que três pessoas, três homens fortes, se aproximaram e se sentaram bem atrás de mim. Eles pareciam assassinos profissionais. Talvez tivessem sido contratados para a ocasião. Antes de iniciar a minha fala, eu disse: "Quero dizer algumas coisas sobre estes três homens fortes que estão sentados atrás de mim".

Houve um profundo silêncio no palco. Todos ali eram monges hindus bastante conhecidos, três *shankaracharyas*, políticos proeminentes – havia pelo menos 50 pessoas ali. Déli ficava ao lado, e por isso os políticos proeminentes estavam disponíveis – e eles não perdem um encontro desse tipo. Cem mil pessoas! Só ser visto ali no palco já seria suficiente!

Aqueles três criminosos não esperavam que eu fosse falar sobre eles primeiro. E como eu sabia sobre eles? Eu disse: "Estas três pessoas estão aqui para me matar; todos vocês têm de estar cientes disso... Eles pelo menos devem ser pacientes. Não há problema, eles podem me matar, mas primeiro deixem-me terminar o que quero dizer a vocês. Se me matarem no meio, vocês sairão perdendo; terão perdido o que vou lhes dizer.

"Então, quero lhes perguntar uma coisa: Vocês querem que eu fale tudo o que eu tenho para falar? Se quiserem, por

O que eu posso fazer?

favor, ergam as mãos. Se não quiserem que eu fale, então não há razão para eu falar as coisas pela metade. Meia verdade é bem pior que uma mentira. Então eu prefiro permanecer em silêncio e permitir que essas três pessoas me matem."

Cem mil pessoas ergueram as mãos, com gritos de "Queremos ouvi-lo!" e de "Vamos ver quem poderá atacá-lo!" – e muitas pessoas, centenas de pessoas, vieram para trás de mim para me proteger daqueles três. Você ficará surpreso: eu falei da maneira como sempre falo, disse as coisas da maneira mais enfática possível. E o milagre era que eu ainda continuava falando contra as crenças daquelas pessoas! Mas em algum lugar, bem no fundo, o homem continua inocente. Você só precisa saber o jeito de atingir aquele ponto, de tocar seu coração.

Pouco a pouco todos aqueles *shankaracharyas* e políticos começaram a sair do palco. Haviam me concedido apenas 20 minutos para falar, mas, vendo a situação e percebendo que o tiro havia saído pela culatra, o presidente se retirou, os outros organizadores se retiraram. Mas as pessoas não deixaram aqueles três homens saírem, elas os estavam segurando. Todo o encontro se tornou o meu encontro. Falei durante quase duas horas e meia porque não havia ninguém mais para falar, e ninguém para me mandar parar. O presidente estava ausente – todos eles fugiram porque todos faziam parte da conspiração. E aqueles três homens caíram aos meus pés e disseram: "De algum modo o senhor nos salvou. Se o senhor sair, essas pessoas aqui vão nos matar".

Eu disse à multidão: "Deixem estes homens em paz porque eles não fizeram nada; além disso, eles são profissionais, não têm nada pessoal contra mim. Eles podem ter recebido algum dinheiro e eu não sou contra isso. Vocês receberam dinheiro?", perguntei a eles. "Ou ainda não o receberam?"

E estes são os momentos em que você enxerga realidades que não estão normalmente disponíveis. Eles não puderam mentir. Eram criminosos profissionais, assassinos, já haviam sido acusados antes de assassinato, estiveram presos muitas vezes – mas não puderam mentir. Vendo a minha franqueza, houve uma sincronia. Algo neles também foi tocado. Eles disseram: "Eles nos deram a metade, e nos prometeram dar a outra metade depois que o tivéssemos matado".

"Então", eu disse, "vocês perderam a metade. Podem me matar e receber a outra metade."

Eles disseram: "Não queremos matá-lo. Não sabíamos quem o senhor era. Ouvindo o senhor nossa vontade era matar aquelas pessoas que estavam tentando matá-lo".

Eu disse às pessoas: "Deixem em paz estes homens simples e inocentes, não os molestem. Eu gostaria que eles se fossem antes de eu deixar o local, por que não sei... Vocês são uma multidão tão grande e parecem tão zangados".

A conferência ia durar três dias e este era o primeiro dia. Então eu disse: "A conferência vai continuar. Agora é a minha conferência. Todos os arranjos foram feitos e, portanto, durante três dias vamos continuar".

E continuamos durante três dias. Vocês vão ficar surpresos em saber que aqueles três homens foram lá todos os dias para me escutar e se sentaram na minha frente com lágrimas nos olhos.

Quando eu estava deixando Faridabad, entre as pessoas que foram se despedir de mim estavam aqueles três

O que eu posso fazer?

homens, com flores e lágrimas. E disseram: "O senhor mudou a nossa vida. Nós fomos como bonecos nas mãos dos políticos e dos sacerdotes. Não somos criminosos; essas pessoas nos transformaram em criminosos, eles nos pagam para cometer crimes. Se somos capturados, eles tentam nos livrar; eles nos dão todo o apoio legal e distribuem as propinas necessárias para os juízes. Fazem de tudo para nos livrar porque necessitam de criminosos para suas carreiras políticas, para suas carreiras religiosas".

Eu disse: "Sim, um sacerdote não é um homem religioso, ele tem uma carreira religiosa. Ele é um profissional".

Durante 30 anos eu tenho feito as críticas mais duras possíveis. E percebi algumas coisas: por mais compacto que possa ter sido o condicionamento imposto à humanidade no passado, ele pode ser quebrado. Precisamos apenas de algumas pessoas religiosas autênticas – não sacerdotes, não profissionais, mas pessoas que tenham experienciado a religiosidade. Eles se tornarão as tochas ardentes na escuridão da noite.

Não se tornarão políticos, mas poderão destruir toda a estrutura política do mundo – e é isso que é necessário. Não estarão interessados em política – mas certamente estarão interessados na humanidade, que os políticos vêm explorando há séculos. Não tomarão o poder em suas mãos; simplesmente destruirão esses parasitas e deixarão o poder com todo mundo.

Na verdade, o poder deve ser distribuído para todo mundo. Deve ser descentralizado; não há necessidade de o poder ser centralizado. Se o poder fica centralizado, ele tende a corromper. Com o poder descentralizado, todo mundo é poderoso à sua própria maneira.

Qual é a necessidade de se ter políticos?

O animal chamado "político" tem de desaparecer da Terra. Essa é a esperança. E eu sei que agora, e só agora, isso é possível. Antes não era possível por duas razões: primeiro, porque as pessoas religiosas autênticas não estavam ali; segundo, porque o político ainda não havia feito as piores coisas possíveis. Agora as duas coisas estão disponíveis. A religião sincera e autêntica está nascendo entre vocês. E o político chegou ao fim da linha. Ele fez o pior, agora não pode fazer mais. O que mais ele pode fazer do que provocar uma guerra nuclear e destruir o mundo todo?

Antes que o político e suas armas nucleares destruam toda a humanidade, algumas pessoas religiosas autênticas terão incendiado cada coração, um incêndio em que todo o jogo político termina. E com o jogo político terminado, o político vai desaparecer. Essa é a única esperança.

A possibilidade de uma Terceira Guerra Mundial é uma grande esperança, porque vai revelar o político em suas verdadeiras cores.

Até agora houve guerras, grandes guerras – a Primeira Guerra Mundial, a Segunda Guerra Mundial, e milhares de outras guerras – mas elas não foram totais. Alguém ia vencer, alguém ia ser derrotado. A Terceira Guerra Mundial vai ser uma guerra mundial total: ninguém vai vencer, ninguém vai ser derrotado. Tudo será eliminado.

Agora este é o princípio definitivo na guerra, o derradeiro em idiotice. Por que lutar se ambos vão ser eliminados? A principal razão era que você podia vencer, que havia uma possibilidade da sua vitória. Na pior

O que eu posso fazer?

das hipóteses você podia perder, mas o outro ia ganhar; alguém sairia vitorioso.

Na Terceira Guerra Mundial ninguém vai sair vitorioso, porque ninguém vai sobreviver a ela. Nem a democracia nem o comunismo, nem os Estados Unidos nem a Rússia – ninguém vai sobreviver; então, qual a razão dela? Mas o político chegou a tal estado que não pode mais recuar. Ele tem de ir em frente, sabendo muito bem que isso vai terminar finalmente na destruição total de todo este planeta, deste belo planeta.

Há milhões de planetas no universo, mas talvez a Terra seja o mais belo. Todos esses planetas não têm vegetais, não têm flores, não têm pássaros, não têm animais, não têm seres humanos; não têm poesia, não têm música, não têm dança, não têm celebração. Eles estão simplesmente mortos – a Terra está tão viva!

E não se trata apenas de uma questão do futuro da humanidade. É também a questão de a existência perder seu planeta mais precioso. É uma questão existencial, não apenas uma questão planetária confinada a esta pequena Terra. É uma questão de todo o universo infinito, porque em todo este universo este pequeno planeta tornou-se um oásis de consciência. E há mais possibilidades; elas não devem ser detidas.

Por isso eu digo que há esperança – mas a esperança está no espírito rebelde da pessoa religiosa.

Já me perguntaram milhares de vezes: "Você continua ensinando religião, meditação, tudo bem; mas por que você mistura religião com rebelião? Isso cria um problema".

Um dos primeiros-ministros da Índia, Lal Bahadur Shastri, era um homem muito bom, tão bom quanto um político pode ser. Tenho conhecido tantos políticos que posso dizer que talvez ele fosse o melhor de todos esses criminosos. Ele me disse: "Se você fosse um pouco menos sincero e um pouco mais diplomático, poderia se tornar o maior mahatma do país. Mas você continua dizendo a verdade nua e crua sem se importar se isso vai lhe gerar mais inimigos. Você não pode ser um pouquinho diplomático?"

Eu lhe respondi: "Você está me pedindo para ser diplomático? Isso significa ser um hipócrita; saber uma coisa, mas dizer outra, fazer outra. Vou continuar o mesmo. Posso deixar de ser religioso se isso for necessário, mas não posso deixar de ser rebelde porque para mim essa é a verdadeira alma da religião. Posso desistir de qualquer outra coisa que seja considerada religiosa, mas não posso desistir da rebelião; essa é a verdadeira alma".

No dia em que me convenci de que agora tenho pessoas suficientes que podem se mover em direção àquele Everest para o qual venho apontando durante toda a minha vida, parei completamente o meu contato com as massas para poder dedicar todo o meu tempo – tudo o que restar dele –, para poder dedicar toda a minha energia, tudo o que a existência me permitir, a um pequeno grupo concentrado. Não há necessidade de milhões de pessoas religiosas. São necessárias apenas algumas poucas escolhidas. Se eu puder acender o fogo nas minhas pessoas, então terei feito o meu trabalho. Então cada uma delas será capaz de fazer o mesmo que fiz com elas. E podemos incendiar toda esta Terra, incandescê-la com uma nova humanidade e com um novo amanhecer.

O que eu posso fazer?

Quando escuto você falar da sua visão de um novo tipo de ser humano, de um novo homem, inevitavelmente começo a sentir que algumas pessoas audazes em torno de nós vão viver para experienciar isso. Mas parece que mais cem anos se passarão antes que a humanidade em geral chegue a ver e viver a genialidade dessa visão. Isso é verdade?

É verdade.

Mesmo que isso aconteça daqui a cem anos, vai ser em pouco tempo. Mas a questão é importante de uma maneira totalmente diferente. O ponto não é a concretização da visão, o advento do novo homem, de uma nova humanidade – isso virá no momento certo. O mais importante é ser capaz de visualizar isso.

Todas as coisas grandiosas que aconteceram no mundo partiram de uma ideia. Às vezes demora centenas de anos para ela se tornar uma realidade, mas a alegria de ter uma visão, uma percepção do futuro, é imensa. Você deve se rejubilar de poder ver a possibilidade de o velho mundo podre desaparecer e de um ser humano novo e saudável assumir o seu lugar.

Nesse momento a visão vai finalmente mudá-lo, vai deslocar o seu ser do passado para o futuro. De certa maneira, você vai começar a viver o novo homem, que ainda não chegou. Vai começar a viver o novo homem de maneiras pequenas, e cada momento dessa vivência será uma bênção. E quando sentir, dentro de você, a explosão do novo e a destruição do velho, você estará mudando, estará passando por uma revolução.

Eu estou interessado em você. Quem se importa com o que vai acontecer daqui a cem anos? Algo deverá acontecer, mas isso não é problema nosso. E quando eu falo sobre o novo homem estou na verdade falando de você, para você se tornar consciente da possibilidade, porque essa consciência vai mudá-lo. Não estou interessado no futuro; estou simplesmente interessado no presente imediato.

O futuro seguirá pela eternidade, mas se a sua mente puder ser limpa do entulho do passado, e se você puder enxergar o sol distante nascendo... Não estou interessado no sol, estou interessado na sua visão, na sua capacidade de enxergar, no seu entendimento, na sua esperança de que isso seja possível. Essa simples esperança vai se tornar uma semente em você.

O novo homem virá quando tiver de vir. Mas a nova visão pode vir agora. E com a nova visão você vai participar, de uma maneira sutil, do homem que ainda não chegou, da humanidade que ainda está no útero. Você vai começar a ter uma sincronia, certo relacionamento. Suas raízes do passado vão começar a desaparecer e você vai começar a desenvolver suas raízes no futuro.

Mas o meu interesse, eu repito, é basicamente em você. Não estou interessado no passado nem no futuro. Falo sobre o passado para você poder se livrar dele; falo sobre o futuro para você poder permanecer aberto a ele. Mas você é a razão da minha ênfase.

Sobre o autor

Os ensinamentos de Osho desafiam qualquer categorização, abordando tudo, desde as buscas individuais por sentido até as questões sociais e políticas mais prementes relacionadas à sociedade atual. Seus livros não são escritos, mas transcritos de gravações de áudio e vídeo de palestras dadas para ouvintes oriundos das mais diferentes partes do mundo, durante um período de 35 anos. Em Londres, Osho foi descrito pelo jornal *The Times* como um dos "mil realizadores do século XX" e pelo escritor americano Tom Robbins como "o homem mais perigoso desde Jesus Cristo".

Sobre seu próprio trabalho, Osho disse que está ajudando a criar as condições para o nascimento de um novo tipo de ser humano. Ele em geral caracteriza esse novo ser humano como "Zorba, o Buda", alguém capaz de aproveitar tanto os prazeres terrenos de um Zorba, o Grego, como também a serenidade silenciosa de Gautama, o Buda. A análise de todos os aspectos da obra de Osho mostra que esta engloba tanto a visão atemporal do Oriente como o alto potencial tecnológico e científico do Ocidente.

Osho também é conhecido por suas revolucionárias contribuições para a ciência das transformações internas, com uma abordagem da meditação que considera o passo acelerado da vida contemporânea. Sua técnica única de "meditação ativa" é projetada de forma a aliviar o estresse acumulado no corpo e na mente, tornando possível a vivência do livre-pensamento e do relaxante estado de meditação.

Resort de Meditação da Osho Internacional

O Resort de Meditação da Osho Internacional é um lugar onde as pessoas podem ter uma experiência pessoal direta de uma nova maneira de viver, num estado de maior atenção, relaxamento e alegria. Localizado a aproximadamente 160 quilômetros ao sul de Mumbai, em Puna, na Índia, o resort oferece uma variedade de programas para milhares de pessoas que o visitam todos os anos, vindas de centenas de países do mundo todo.

Originalmente criada para funcionar como um retiro de férias para marajás e ricos colonos britânicos, Puna é agora uma moderna e próspera cidade que acolhe universidades e indústrias de alta tecnologia. O resort ocupa cerca de 16 hectares distribuídos em uma área de subúrbio conhecida como Koreagon Park. O *campus* do resort oferece acomodações para um número limitado de hóspedes, mas há uma grande variedade de hotéis próximos e apartamentos privados disponíveis para temporadas de dias ou até de meses.

Os programas do resort são todos baseados na visão de Osho de um novo tipo de ser humano que é capaz de participar criativamente na vida diária e de relaxar no silêncio e na meditação. A maioria dos programas acontece em modernas instalações com ar-condicionado e inclui uma variedade de sessões individuais, cursos e *workshops* que abordam desde artes criativas até tratamentos de saúde holística, transformação pessoal e terapia, ciências esotéricas, abordagem Zen para esportes e recreação, questões de relacionamento e mudanças significativas na vida de homens e mulheres.

Os cafés e restaurantes ao ar livre no interior do resort servem tanto a culinária indiana como pratos internacionais, todos feitos com vegetais orgânicos produzidos na fazenda do próprio resort. O *campus* tem seu próprio fornecimento privado de água segura e filtrada.

Acesse www.osho.com/resort para mais informações, incluindo dicas de viagem, calendário de cursos e reservas.

Para mais informações

Para mais informações sobre Osho e seu trabalho, acesse:

www.osho.com

Trata-se de um abrangente site em vários idiomas, que inclui uma revista, livros de Osho, palestras de Osho em formato de áudio e vídeo, uma biblioteca de textos de Osho em inglês e hindi e ampla informação sobre as meditações de Osho. Você também encontrará o programa dos cursos da Osho Multiversity e informações sobre o Resort de Meditação da Osho International.

Acesse os sites:
http://OSHO.com/resort
http://OSHO.com/magazine
http://OSHO.com/shop
http://www.youtube.com/OSHO
http://www.oshobytes.blogspot.com
http://www.twitter.com/OSHOtimes
http://www.facebook.com/OSHO.International
http://www.flickr.com/photos/oshointernational

Para contatar a Osho International, acesse:
www.osho.com/oshointernational

Este livro foi composto em Apollo MT
e impresso pela Intergraf
para a Editora Planeta do Brasil
em junho de 2017.